献给

安

法律演化

一个观念的历史

[英]彼得·斯坦 著（Peter Stein）

李建江 译

LEGAL EVOLUTION

The story of an idea

中国政法大学出版社

2025·北京

法律演化：一个观念的历史

This is a Simplified Chinese Translation of the following title published by Cambridge University Press:

Legal Evolution: The Story of an Idea
by Peter Stein
ISBN: 9780521108003

© Cambridge University Press 1980

This Simplified Chinese Translation for the People's Republic of China (excluding Hong Kong, Macau and Taiwan) is published by arrangement with the Press Syndicate of the University of Cambridge, Cambridge, United Kingdom.

© China University of Political Science and Law Press 2025

This Simplified Chinese Translation is authorized for sale in the People's Republic of China (excluding Hong Kong, Macau and Taiwan) only. Unauthorised export of this Simplified Chinese Translation is a violation of the Copyright Act. No part of this publication may be reproduced or distributed by any means, or stored in a database or retrieval system, without the prior written permission of Cambridge University Press and China University of Political Science and Law Press.

Copies of this book sold without a Cambridge University Press sticker on the cover are unauthorized and illegal.

本书封面贴有 Cambridge University Press 防伪标签，无标签者不得销售。

版权登记号：图字 01-2025-1100 号

前 言
Preface

近来,社会演化理论受到广泛关注,但对法律演化论的研究则相对薄弱。尽管社会演化论和法律演化说彼此关联,并且在某种程度上有共同的命运,但是法律演化说有其自身的发展史。这可追溯至18世纪。

18世纪的法律思想与道德哲学紧密相关,而这两者均由自然法传统发展而来。自然法以人类的理性和社会性为基础,以此在所有社会中构建道德和法律义务。然而,在18世纪的进程中,区别意识在这个领域逐渐发展,如人的道德义务和法律义务之间的区别,法律义务在不同世纪之间以及在同一世纪的不同时期之间的区别。

这种区别意识在不列颠比在其他地方更强,这是很容易理解的。英国的法律思想家(并非都是法学家)长期致力于解释这样一个问题,即与欧洲大陆的罗马法系和在新近统一的联合王国北部实施的苏格兰法相比,英国普通法更具鲜明特性。概括而言,他们倾向于认为这种区别是由于英国民族性格的独特性。早在 1704 年，托马斯·伍德（Thomas Wood）引介了一部关于罗马法的著作，并肯定地对他的英国读者说："这个国家的法律（由于已经出现了混合性与适应性）与我们的民族精神非常匹配。"[1] 苏格兰的法律思想家则比他们的南方同胞更多地意识到法律的差异性。因为在联合王国成立后，正是别具一格的苏格兰法和苏格兰教会一起保存了苏格兰民族的独立身份，并且在一个王国内保留两个法律体系是否恰当是一个有争议的话题。

在这种观念氛围中，需要一种能够解释法律变迁的理论。对此，当时流行的法律观念难以满足这种需要。一些观念视法律为古老的习俗，民族的传统；另一些观念认为法律是主权者意志的表现；还有些观念认为法律是理性的产物。但是，这些关于法律的概念都不能提供关于法律变迁的令人满意的解释。它是因为某种原因而败坏的古老的良法的复兴吗；它是主权者意志的变化吗；或者来源于理性的法律变成非理性的吗？某些苏格兰思想家认为，法律随社会的变化而变化，并且正如社会的进步经历若干阶段一样，法律所规定的权利和义务以相应的方式发展。故而，法律之所以存在差异，乃是

---

[1] *A New Institute of the Imperial or Civil Law* (London, 1704), vi.

因为其所考察的社会发展到了不同的阶段。

19世纪,苏格兰作家的这些观念基本上被遗忘或忽视了。弗里德里希·波洛克爵士(Sir Frederick Pollock)诚恳地认为,在梅因(Maine)的《古代法》(Ancient Law)出版之前,"证明相似性与异常性系法律观念发展中的自然产物是一种闻所未闻的方法"。[1] 19世纪的思想家探索一种可以解释法律的变化而非立法者的法律改革的理论;他们努力让自己的理论具有科学性,而科学的研究是一种历史的研究。德国的历史法学派使这样一种观念流行开来,即一个民族的法律随着其自身的发展而发展。这个观念在不列颠被热情地接受。它假设法律制度本身有其自生自发的历史。演化和历史方法变成了同义词。波洛克再次宣称,"演化学说无非是运用于自然事实的历史方法;而历史方法无非是运用于未知社会和制度的演化学说。"[2]

作为亚当·斯密(Adam Smith)《法理学讲演录》(Lectures on Jurisprudence)的编辑者之一,我对他关于法律变化的本质理论产生了兴趣;作为一名罗马法研习者,我震撼于罗马法在那些理论的后续发展中发挥的特殊作用。1978年4月,我受贝尔法斯特女王大学邀请担

---

[1] *Oxford Lecture* (London, 1890), 158.
[2] *Oxford Lecture*, 41.

任 R. M. Jones 讲座教授，这给我提供了深入探究法律演化学说史的机会。所有的法理学学生对历史上代表人物的主要理论都很熟悉，但在他们的时代的法学思想的背景下，将这些理论相互关联起来似乎是有必要的。

我想对女王大学的校长彼得·弗罗加特（Peter Froggatt）博士表达真诚的谢意，感谢他对这一系列讲座的兴趣，感谢他和他的家人对我在贝尔法斯特这段时间的盛情接待；感谢女王大学法学院的朋友们，尤其是柯林·坎贝尔（Colin Campbell）院长；感谢参与讲座讨论的约翰·巴罗（John Burrow）、阿伦·哈丁（Alan Harding）和保罗·沃伊金斯（Paul O'Higgins），同他们的讨论让我受益匪浅；感谢我的女儿芭芭拉（Barbara）帮助编辑本书的索引。

彼得·斯坦因

目录
Contents

前　言　001

第一章　自然法传统　001

格劳秀斯（Grotius）和普芬道夫（Pufendorf）／004

哈奇森（Hutcheson）／013

休谟（Hume）／018

孟德斯鸠（Montesquieu）／023

古吉（Goguet）／030

第二章　苏格兰法哲学史　036

达尔林普尔（Dalrymple）和凯姆斯（Kames）／037

亚当·斯密（Adam Smith）／047

约翰·米勒（John Millar）／074

第三章　德国历史法学派　082

胡果（Hugo）／087

萨维尼（Savigny）／091

耶林（Jhering）／105

第四章 法律演化论的全盛期 111

边沁（Bentham）和奥斯丁（Austin）// 112

萨维尼的影响 / 116

法律教育委员会（The Committee on Legal Education）/ 127

乔治·隆（George Long）/ 129

麦克伦南（McLennan）/ 134

梅因（Maine）/ 140

第五章 《古代法》之后 163

威诺格拉道夫（Vinogradoff）/ 190

结　语 200

索　引 208

再版附言 214

第一章

自然法传统

18世纪初,关于国家或所谓公民社会起源的理论,通常假设存在一个原初自然状态,在这种状态中每个原始人都单独生活,与其他人几乎不发生社会关系,既不隶属于任何政府,也不服从任何法律。自然状态经由"社会契约"的方式过渡到公民社会。一群个体聚集在一起,同意以社群的而不是相互隔绝的方式生活。这种解释的主要特点是,它强调社会是建立在所有最初成员的同意之上,这使得论证所有政府在根本上是从所有国民的同意中获得其合法性(authority)的这一命题成为可能。中世纪的观点认为,政府的合法性来自上帝,而国王是上帝的代表。正因如此,国王须服从上帝。所以,社会契约论与君权神授观念针锋相对。在主张宗教自由的时代,将人的社会、政治义务和宗教责任区分开来是很重要的。

社会契约论者对自然状态的特点存在不同看法,进而就社会契约本身提出了不同观点。究竟自然状态是一个人类经历过的、真实存在的历史阶段，还是说它只是一个构想出来的、用于生动地解释人类在政府之下生活于一个社会的需求的智性观念？它是如托马斯·霍布斯（Thomas Hobbes）所说的人类不惜代价想要摆脱险恶的混乱状态，还是像约翰·洛克（John Locke）认为的，是一个人类仅在特定的、对其确实有利的条件下才准备放弃的相对舒适的状态？

2　　面对自然状态缺乏真实存在的证据的质疑，约翰·洛克处之泰然，并且辩称我们必须假设它的存在：

> 历史所载关于人们群居在自然状态中的叙述极少，这是毫不足怪的……假如我们因为很少听到人们处在自然状态，就不能推定他们曾经是处在这种状态中的，那我们也可以因为很少听过萨尔曼那塞尔或塞克西斯的军队在长大成人和编入军队以前的情况，就推定他们根本没有经过儿童阶段了。所有的政府都是先于记载而存在的……因为国家也像个体一样，通常对于自己的出生和幼年情况是不清楚的（*Of Civil Government*, sec. 101）。

建立社会契约的本质显然取决于缔约者生活于其中的自然状态的类型。事实上，它也取决于它的倡导者的政治目标。在国王与国会的斗争中，托马斯·霍布斯支持国王。他宣称，自然状态是如此的危险和令人厌恶，以至于人们欣然同意将迄今为止所享有的全部自由和对自身的控制权让与给一位主权者或实体，后者非常强大，足以保护人们远离自然状态中的极大危险。因为签订了这样的服从契约，人们将只能在稍有保留的前提下，视主权者的所有命令为法律，因而服从于它。据此，这一社会中的法律是由主权者的命令构成的，主权者的身份则在所不问。如果法律是人类意愿的产物，那么法律变迁的过程就很简单了。主权者决意发布一项新的法律以取代旧的法律；或者说他改变主意了。当然，一个英明的主权者不会对他的国民发布反复无常或随心所欲的命令。他会尽力遵循常识性原则，依照理性行动，发布合乎他的国民情况的命令。但他是否做到这些，对他的命令的有效性并不产生影响。只因来自他，它们就是法律。

与霍布斯不同，约翰·洛克支持黜旧立新的1688年光荣革命的发动者。他主张公民社会是自然状态下的人们根据理性而有意识地创立的。他们先是同意以一个契约联合为一个共同体，然后以另一个单独的契约同意将该共同体的政府委托给一个由他们自己选定的统治者。按照这种观点，统治者可以向他的国民下达的命令是受到限制的，而这些限制是由自然规定的。自然赋予人们某些不可剥夺的权利，其中生命权和财产权是不可让渡的。

尽管社会契约论者否认国王是上帝和人民的中间人，但人们仍然渴望了解上帝对人类的意愿，他们在自然法的观念中发现了另外一种可以揭示它的方法。上帝显现祂对人类的意愿，部分是通过直接的启示，如十诫，部分是通过赋予人类以理性，借以与其他动物相区别，并使他们能够发现上帝对人类的意愿，至少具有这种潜能。自然法由人类理性所指示的原则构成。因为理性在所有人中间、在所有时代基本上是不变的，所以自然法是普遍的、永恒的。

格劳秀斯（Grotius）和普芬道夫（Pufendorf）

在18世纪前半期，关于自然法最有影响的作家仍然是荷兰人胡果·格劳秀斯（Hugo Grotius）和德国人塞缪尔·普芬道夫（Samuel Pufendorf），前者于1625年首次发表《战争与和平法》（*De iure belli ac pacis*），后者的《自然法与国际法》（*De iure naturae et gentium*）则初版于1672年。这两部作品都在17世纪晚期和18世纪早期被翻译成英文[1]并广为流传。截至1750年,格劳秀斯的《战争与和平法》英语版本有六种,普芬道夫的《自然法与国际法》英语版本则有四种,而在普芬道夫所著"小部头"作品中,《人和公民的自然法义务》(*De officio hominis et civis inxta legem naturalem*)在1682年至1758年间,至少有九种拉丁语本、七种英译本,甚至有一种巴贝拉克法语本也在英国出版。

格劳秀斯和普芬道夫致力于证实存在着某些适用于所有人的普遍法律原则,无论他们生于何时、居于何地。那么,这些原则可以视为国际法原理。这些原则是不证自明的。它们和数学命题一样,具有确定性和普遍性,所以17世纪的自然法学者经常把自然法与数学进行类比。但是,他们并不认为自然法的内容涉及法律调整的人与人关系的所有方面。一个社会中的大部分法律并非自然法,而是实在法。实在法是因时因地而不同的。因为它们具有因地而异和易变倾向,格劳秀斯认为,无法对实在法规则进行全面系统研究。但是,一个社会的法律基础和主要原则被认为是由自然法所规

---

[1] 我所使用的《战争与和平法》是弗朗西斯·凯尔西(F. W. Kelsey)的英译本(Oxford,1925),《自然法与国际法》是查尔斯·亨利·奥德法瑟和威廉·艾伯特·奥德法瑟(C. H. and W. A. Oldfather)的英译本(Oxford,1934),两者都出自"国际法经典丛书"(Classics of International Law Series)。

定的。

自然法的原则可以通过两种方式证明：一种是归纳的方法，也就是根据各个时期的哲学家、诗人、演说家的话语，实证地证明它们被广泛地接受为自然法之一部分；一种是演绎的方法，即从人类永恒不变的理性和社会本质中推导出它们。

格劳秀斯专注于实证的研究方法。我们当然不能尽信古代作家所言，因为有时他们的论述是有偏见的。但是，"如果处于不同的事件和地点的许多人都肯定同样的说法是可信的，它就应该被认为是一个具有普遍性的概念……这个概念或者是从自然的原则中引申出来的正确结论，或者是得到共同同意的正确结论。前一种情形是自然法；后一种情形就是万民法"（*De iure belli*, *prolegomena*, sec. 40）。* 并且，实证的方法"即使最终不能提供绝对确定的结论，也必须列举各种可能，说明有关事物符合据信是所有国家都承认的自然法，或者是符合所有更为先进的国家承认的自然法"（I. 1. 12）。格劳秀斯同时代的人一般认为，他那足以淹没读者的渊博学识，使得他对这一方法的运用或多或少有些过头。

---

* 此处译文参见 [荷] 格劳秀斯：《战争与和平法》（第1卷），[美] 弗朗西斯·W. 凯尔西等英译，马呈元译，中国政法大学出版社2015年版，绪论，第18页。下引《战争与和平法》译文，均出自这一译本（有删改），不再一一出注。——译者注

在全部人类普遍认可的规则，或至少是最文明的国家（nation）共同认可的规则之中寻找自然法的观念，令普芬道夫感到忧虑。各国之间的习俗和制度差异如此之大，以致我们不可能了解它们的全部；如果我们将观察的对象限定在最文明的国族，我们又该如何确定其范围？哪个国家会自认蛮族？哪个国家会把自己设定为是衡量其他国家的标准呢？纯真与正直，在文明程度较低的国家比在较先进的国家更为常见。惯例很容易被误认为是自然法的命令（*De iure naturae*, II. 3. 7）。

出于对演绎方法的偏好，普芬道夫致力于仔细考察人类自身的性质、状况和欲望（II. 3. 14）。如所有其他动物一样，人类首先受到自保欲望的驱动，并竭力追求对自己有益的事物，而避免有害的。但是，如果没有同伴的协助而仅仅依靠自己，这种自爱（self-love）是无法实现的。正如普芬道夫所说，一旦接受了这两个观点，推理出一个社会的需求以及调整该社会的自然法就是容易的事了：

> 很显然，人是一种极度渴望自我保护的动物，在资源匮乏的条件下，离开他人就无法生存，因此必须对共同利益有所贡献；然而人又总是恶意的、任性的、易怒的、有能力随时伤害别人的。这样一种动物要生活并享受与其所处条件相适应的世界上

的好东西，就需要具有社会性，也就是说，愿意加入与之类似的其他人的行列，并以这样的方式来对待他人，从而使得后者没有任何理由来伤害他并觉得有理由来维护和增加他的运气（II.3.15）。

格劳秀斯和普芬道夫分别以不同的方式，力图证明某些基于人类本性而约束所有人的、其自身保持不变的普遍原则的存在。但是他们并不认为所有源自普遍原则的法律制度都是相同的。公民政府、财产和契约制度存在于多数社会，但在自然状态下并不存在。当人们需要满足此类需求时，才开始采用它们。尽管如此，基于自然法的义务，人们仍应尊重这些制度。根据自然法的规定，人应当服从其主权者；也就是说，除主权者的命令违反自然法外，人不应当使用武力进行反抗（Grotius, *De iure belli*, I.4）。

在一个重要的段落里（*De iure naturae*, IV.4.14），普芬道夫分析了在何种意义上私有财产权可以恰当地被视为自然法上的一种制度。在两种意义上，一项制度可以被视为自然法的一部分。首先，因为它源自规定何者当为或何者不当为的自然法的一些原则；其次，它从自然法所启示的某种制度出发以实现社会更好地运转。第一种意义上的自然法制度甚至在自然状态时即已存在，而第二种意义上的自然法制度，则是因为正确的理性基于对社会生活状况的考虑而表现出对它的需要时才被提出来的。如果某种制度只是一时的权宜之计，或它仅对某个特定的社会有所裨益，那么这种制度将只是实证法的一部分。理性证明了在一定社会条件下的所有人因采用某种制度而受益的这一事实，使其成为自然法上的制度。没有哪一自然法原则规定必须有私有财产权，因此它不是第一种意义上的自然法制度，也不存在于自然状态之中。但它是第二种意义上的自然法制度，因为它作为一种必要的制度，在所有的文明社会被逐渐实施和接受。

对于普芬道夫而言，人是社会动物的这一事实解释了人为什么要和其他人一起生活于社会之中，他甚至从这一事实出发，推论出可以适用于自然的自由状态的自然法的基本原则。这些原则中包括信守承诺的义务，社会契约的强制性最终赖此而存在（III. 4. 2）。它们也证明了丈夫对妻子（VI. 1. 11）、父母对子女（VI. 2. 4）权利的合理性。因此，在男权家长统治下的家庭可以存在于自然的自由状态中，《圣经·创世纪》中的男性家长就是生活在这样的状态之中。

虽然人的社会性可以解释社会的存在，但却无法说明人们为什么建立国家和政府。普芬道夫反对这样的暗示，即对更好的生活的追求是建立国家的主要原因。《创世纪》的记载表明，当人类以各自独立的家庭散居各地生活之时,他们已经学会了农业、畜牧、酿酒、裁衣和其他各种技艺,生活必需品可以做到自给自足。男性家长放弃自然自由并建立国家的真正原因是为了防御来自其他人的攻击。对他人的恐惧是主要动机。对自然法的尊重无法确保社会和平,因而需要更强有力的控制,家长们这才同意建立政府(VII.1.3ff)。

家长们是在什么时候同意建立国家的,这是一个有争议的问题。《创世纪》中家长在他的家庭内部拥有一个君王或最高法官的全部权力,因而可以创制法律、惩罚违法者、宣战与媾和以及缔结条约;他确实可以发挥一个国家主权者的全部作用。《创世纪》中所描述的大的家族本身就是一个小的国家,其族长设立一个大的国家结构的动机则不甚明了。到了18世纪初期,即使是最忠实的自然法学者也开始对普芬道夫的论述的妥当性表示怀疑:海因舍斯(J. G. Heineccius)在其《万民法的方法体系》(*Elementa iuris naturae et gentium*)中质疑道:

> 在比较简单的社会里,每个人都能自由地获得他想要的,并且现在文明社会里强加于公民的、剥夺其财产的贡赋、税收和关税等,在自然状态下都不存在。既然简单社会具有这样的特点,为什么它不能发展出联合体所具备的所有优势呢?假设自然

状态下人人都处于可恶的离群索居状态，并且假设离群索居确如普芬道夫所描述的那样悲惨，但是举例而言，我们无论如何都不能说亚伯拉罕生活在离群索居的状态中。他有一妻和一妾随侍在侧，膝下子女成群，同时拥有一个庞大的侍从队伍，以致先后有380名仆人在他家里出生（Gen. xiv. 13）。无论人类对于社会的自然倾向有多么强烈，都不至于直接受其引导而构建一个较大的、其中诸多事物与人类的自然性情相悖的社会，正如普芬道夫所言（VII. 1. 4）。但是，在一个文明的国度里，如果它是以正当的方式组建的话，正义得以伸张，人们所有的公、私利益都会被明智地予以考虑和满足，这是没有疑问的；但是，与其说这是构建文明国家的动机，倒不如称其为文明国家带来的结果更为恰当。[1]

格劳秀斯和普芬道夫都认为，私有财产由一种古老的共有财产制逐渐发展而来，但是他们对这一发展的解释由于必须包含《圣经》中的资料而受到限制。格劳秀斯说，起初上帝把对世界上所有东西的支配权赋予人类全体。如果人类仍然保有他们起初的纯洁，那么共有状

---

[1] 3rd edn (1744), II. 6. 103, translated by George Turnbull as *A Methodical System of Universal Law* (London, 1763), II. 6. 102.

态将会继续。当代美洲印第安人的制度证明了这一点，他们仍然处于这种状态中，对土地私有一无所知。但是，人类渐渐开始专门从事某些特定的技艺，如农耕和放牧。这导致了人类相互之间的嫉妒和野心。接着，在巴比伦塔之后，土地在不同的国家间开始划分，但邻里之间仍然拥有共同的牧场，直到人口的增长迫使土地被划分给各个家庭。渐渐地，对更好的生活的追求、劳动力的分工以及对同胞的爱的丧失，使得公平分配成为不可能，所以原有的共同财产制被私有财产制所取代。"它不是一种简单的个人意志行为的结果……而是一种协议的结果。这种协议或者采取明示的方式，如对物品进行分割；或者采取默示的方式，如对物品实施先占"（*De iure belli*, II. 2. 21-5）。

普芬道夫的看法是，遵守早期共同财产制的初民社群并非积极的社群（positive community），这一点和预设了明晰的财产概念的现代人的看法一致。相反，在财产权完全阙如、所有东西共同共有的意义上，它是消极的社群（negative community）。如果人们继续以博爱的方式生活，如早期的耶路撒冷基督徒或菲力欧（Philo）所描述的艾赛尼派信徒那样的话（这两个例子格劳秀斯都曾引用过），私有财产将永无必要。但是多数人都不是圣人，他们的本性导致对财产的分割（*De iure naturae*,

Ⅳ.4.9—10)。

所以,在古典自然法作家中间存在这样一个共识,即一些基本的国家制度、政府机关和私有财产并非"最初的",而是当人们准备好接受它们时才出现的。[1] 18世纪,这一主题在英国的研究是由道德哲学家而非法学家承担的,他们关注人们在社会中对他人所负义务的基础。

哈奇森(Hutcheson)

在以英语思考自然法的作家中,弗朗西斯·哈奇森(Francis Hutcheson)是一位重要的过渡人物。[2] 自1729年起,他担任格拉斯哥(Glasgow)大学的道德哲学教授,直至1746年去世。他自称继承了格劳秀斯和

---

[1] 邓肯·福布斯(D. Forbes)在其《休谟的政治哲学》(*Hume's Philosophical Politics*, Cambridge, 1975)第28页中写道:"这并非牵强或扭曲的解释。对于自然法作家而言,它指出政府或文明社会纯粹是人类的权宜之计,它随着社会的发展而出现,以满足人类精神与物质的需求。"

[2] 杜加德·斯图尔特(Dugald Stewart)认为,哈奇森的讲座"看上去对在苏格兰传播分析研究偏好和追求自由的精神贡献甚巨,而世界正因此得以拥有18世纪的一些最有价值的著作"。*Collected Works*(10 vols., Edinburgh, 1854—60, reprinted Farnborough, 1971), x. 82(cf. also I. 428—9);W. R. Scott, *Francis Hutcheson*(Cambridge, 1990);W. L. Taylor, *Francis Hutcheson and David Hume as Predecessors of Adam Smith*(Durham, N. C., 1965)。

普芬道夫的学统，但强调对人类情感进行实证观察，由此为自然法研究引入了一种新路径。的确，当时的人认为，由所谓的自然科学家或自然哲学家发展出的归纳法，正是哈奇森首次将之运用于道德研究。哈奇森在格拉斯哥大学的同事威廉·理查曼（William Leechman）解释说，在自然科学领域，思想家已经"抛弃自然哲学中构造假设和假定的方法，转而致力于对物质世界构造本身的观察和实验"。同样地，哈奇森相信，构建一种更加严谨的道德理论只能通过"对若干力量和原则的适当观察——这些力量与原则是我们的心灵能够意识到的"，和"借助探讨动物身体、植物或太阳系结构所用的方法，对人类的各种天赋原则或品性进行更严格的哲学探讨"。因为"我们与生俱来的道德结构"是上帝（the Supreme Being）的作品，所以我们对它的研究就是在执行他的意愿。[1]

哈奇森宣称的观察对象不是人的行为方式或外在的行为系统（actual systems of conduct），而是人对于行为的情感。他的研究与人的心理有关。他坚信人具有道德感，认同好的事物而反对坏的，所以正当行为原则是经由"内心的道德决断，以及根据这些决断正确推理而来

---

[1] Preface to Hutcheson's posthumous *System of Moral Philosophy* (2 vols. , London, 1755), xiii-xv.

的结论"而发现的（*System*, I. 269）。

哈奇森想要说明，他不同意唯理主义道德论者如塞缪尔·克拉克（Samuel Clarke）的观点，他们的理论完全依靠推理（reason）。哈奇森认为，只有在自然感觉被充分研究之后才能进行推理。

他的道德哲学课程分为两部分："道德"（ethics）和"自然法"（the law of nature），后者又分为：（1）自然自由状态下的私权利或私法原则；（2）经济，或者家庭成员的法律和权利；和（3）政治，关于文明政府的政体类型和基于相互尊重的国家权力。[1]

自然自由状态下的权利经由我们内心的情感和自发地认可那些于己有利且对人无害的事物表现出来。在观察了我们的自然情感之后，我们应该考虑到社会的普遍利益。这有助于确认我们的情感。每个人的内心都存在的感觉表明，人人都有生命权、名誉权和个人自由的权利。相应地，这些表征又因公共利益而得以确认。

哈奇森非常重视完全的权利和不完全的权利之间的区别，其中前者是在法庭上可强制执行的，而后者则是被道德而非法律认可的。对他而言，这种区别比自然法和实证法之间的区别还要重要。就我们的情感而言，这

---

[1] *Short Introduction to Moral Philosophy*（Glasgow, 1753）, v.

两种权利没有什么区别，但就理性而言，有必要对两者加以区分。哈奇森认为，一般的、直观的情感方法就像《圣经》中揭示的律法一样。每个案件都需要理性所提供的微调来区分完全的权利和不完全的权利。所以，我们被告诫"人不应该杀人"（thou shalt not kill）；但是，并非所有杀人行为都被禁止，只有谋杀应该被禁止；只有理性可以分辨何者属于谋杀而何者不是。同理，"人不应该偷窃"（thou shalt not steal）的告诫也是如此：我们的理性必须告诉我们所有权的起源、性质和范围；它也会向我们显示，所有权常常必须让位于一些重要的公共利益。"不要相互撒谎"（lye not to each other），同样属于普遍认可的一般戒律。正是我们的理性向我们解释"哪种类型的语言会危及我们的社会，而哪种类型的语言不会危及我们的社会"，以及什么时候不遵守讲真话的一般准则是正确的（*System*, II. 130-1）。哈奇森对内心认同和理性认知的区分，使得他非常清楚法律方法的局限性。

当谈及诺言的责任时，他论辩说，在不产生任何责任的单纯地宣告未来意图和完全责任契约两类之外，还有一类诺言，其约束力居于该两者之间，

> 我们为了其他人的利益许下某些诺言，并预计他们将会信赖我们的承诺，可是我们不打算给予他

们任何权利强迫我们履行许诺……没有正当理由而违背这些承诺,属于错误的不诚信;对这种行为,每一个诚实的心灵基于自己真正的意愿必定会极力反对,就像有时候在打破其他人的合理希望——这种希望是其他人因信赖我们的诚实而产生的——时暴露出来的残忍与不人道一样……但是,当一个人违背这样的承诺的时候,其他当事人除了要求赔偿由于其将行为措施建立在承诺者的许诺之上而遭受的所有损失之外,并没有其他绝对权利。*

当且仅当受诺者所采取的措施是正当的,并且他没有给予许诺者自食其言的理由时,他才享有该项权利。"尽管如此",他"也不能强迫许诺者履行其承诺"(*System*, II. 5-6)。

哈奇森认为,在他之前的思想家,如霍布斯,夸大了前政治社会的缺陷。生活在自然状态下的人并非独居且为了生存而与其他所有人争斗,而是一个大的家庭单位的一部分,其中的生活可能是很幸福的,甚至会有艺术的进步。他对自然状态下纠纷该如何解决进行了详细的分析(*System*, II. 141-7),结论是纠纷的各方共同选

---

* 此处译文参见[英]弗兰西斯·哈奇森:《道德哲学体系》(下),江畅等译,浙江大学出版社2010年版,第7页。——译者注

定一位仲裁者，将他们的争议完全交由其裁断。仲裁者会听取证人的证言，并遵循至少需要两名证人的证言这一普遍的证明规则。但是，相对于自然自由中的无序状态，基于社会契约而构建的文明社会要好得多，因为任何超越了原始状态的社会都需要比自然自由状态下更有效的司法（System, II. 214-25）。

12　　哈奇森本身对法律制度的发展方式并没有兴趣，但他通过两种方式为后来的苏格兰思想家将其注意力转向这一问题铺就了道路。第一，他强调以下这个问题的重要性：其他人关于行为准则判断标准是否认可和将纠纷提交"公正无私的仲裁者"的需求（System, I. 328）。他为后来的思想家开启了一条新的路径，即证明对上述判断标准认可与否并非在所有人之间共通的，而是因各个社会的态度的不同而有所差异。

　　第二，通过强调道德义务和法律强制的区别，哈奇森引导思想家将其兴趣从理想的法律体系转向现实的法律体系，转向两种体系之间的差异以及造成差异的原因。

休谟（Hume）

　　进一步超越传统自然法思想的发展是由大卫·休谟

(David Hume)[1]在其1740年出版的《人性论》(*Treatise of Human Nature*)中完成的。在休谟看来，自然状态是虚构的，而社会也不是通过刻意的、理性的契约方式产生的。社会契约这一观念远超出了生活在前政治社会的野蛮人的理解。事实更可能是这样的，独居的人类逐渐认识到在社群中共同生活的好处。一旦形成社会，人类可以得到的更多，并且可能比独居之时更安全。"借着协作，我们的能力提高了；借着分工，我们的才能增长了；借着互助，我们较少遭到意外和偶然事件的袭击。"结果，生活于社会中的人"在各个方面都比他在野蛮和孤立状态中所能达到的境地更加满意、更加幸福"(*Treatise*, 485)。*

在描述了生活于社会之中的好处后，休谟接着指出妨碍这些好处得以充分实现的障碍。这些障碍普芬道夫曾提到过，它们是：其一，人都是自私的，慷慨不足；其二，世界上的物资有限，不足以满足所有人的欲望。

---

[1] H. C. Cairns, *Legal Philosophy from Plato to Hegel* (Baltimore, 1949), 362-89; F. A. Hayek, "The Legal and Political Philosophy of David Hume", *Studies in Philosophy, Politics and Economics* (London, 1967), 106-21; Forbes, *Hume's Philosophical Politics*. 关于《人性论》《道德原则研究》，我使用的是塞尔比-比格（L. A. Selby-Bigge's）于1888年、1902年整理的，由牛津大学出版社出版的版本。

* 此处译文参见［英］休谟：《人性论》，关文运译，商务印书馆1980年版，第526页。下引《人性论》译文，均出自这一译本（有删改），不再一一出注。——译者注

"如果每样东西都同样丰富地供给于人类,或者每个人对于他人都有像对自己的那种慈爱的感情和关怀,那么人类对于正义和非正义也就都不会知道了。"因此,"正义只是起源于人的自私和有限的慷慨,以及自然为满足人类需要所准备的稀少的供应"(*Treatise*, 495)。

若非因为这些因素,社会就不需要法律了。事实上,社会群居的状况产生了三种基础性法律,即"稳定财产占有的法则、根据同意转移所有物的法则、履行许诺的法则"(*Treatise*, 526)。社会和平与安全有赖于严格遵守这些财产法则。"划定财产、稳定财产占有的协议,这是确立人类社会的所有条件中最必要的条件"(*Treatise*, 491)。

休谟把对这些规则的认知称为"协议",但它"就性质而论,并不是一种许诺",而是"一般的共同利益感觉"。由于这种感觉,人们逐渐意识到要根据规则来调整他们的行为。关于财物占有稳定性的协议"是逐渐发生的,并且是通过缓慢的进程,反复地感受到破坏这个规则而产生的不便,才获得效力"(*Treatise*, 490)。正义和非正义的观念就是起源于这些协议。它们的出现就像一种语言的产生或认可金银作为交易的手段一样。故此,休谟认为,财产观念、语言和货币都属于逐渐发展并最终因为习惯和实践而被接受的人类协议。

既然正义完全与财产相关，那么它自身必然是人类技巧的产物，而非源于自然。但是，休谟认为财产观念和正义具有普遍性，因而说它们是自然的也很恰当。"正义的规则虽然是人为的，但并不是任意的。称这些规则为自然法则，并非用语不当，如果我们所谓'自然的'一词是指任何一个物类所共有的东西而言，或者甚至如果我们把这个词限于专指与那个物类不能分离的事物而言"（*Treatise*, 484）。

在《道德原则研究》（*Enquiry concerning the Principles of Morals*, 1751）一书中，休谟提出如下观点：公共效用是正义的起源，并且"对这一德性的有益后果的反思是其价值的唯一基础"（p. 183）。*在物质丰饶富足以致每个人都可以最大程度满足自己的需求的情况下；或者在所有人都如此友善和慷慨，"以致人人都极端温情地对待每一个人，像关心自己的利益一样关心同胞的利益"（*Enquiry*, 185）的情况下，财产权就没有存在的必要，正义的观念也将毫无用处。在极端匮乏的情况下同样如此，严格的正义法则被搁置，取而代之的是自我保存的欲望。所有权具有社会效用这一理由，

---

* 此处译文参见［英］休谟：《道德原则研究》，曾晓平译，商务印书馆2001年版，第35页。下引《道德原则研究》译文，均出自这一译本（有删改），不再一一出注。——译者注

"通过使正义变成完全无用的,则你们由此就完全摧毁它的本质,中止它所加予人类的责任"(*Enquiry*, 188)。因而,"公道或正义的规则完全依赖于人们所处的特定的状态和状况"(*ibid.*)。

所有权的问题,由符合各个社群的独特便利性的民法所规定。通常,为了确定所有权的客体,

> 我们必须诉诸成文法、习俗、先例、类比以及许多其他的因素,它们有些是恒常的和固定不变的,有些是可变的和任意的。但是它们全都公开表明其终极目的是人类社会的利益和幸福。如果不考虑这一点,则再没有什么能比关于正义或所有权的所有的或大部分的法律看起来是更古怪、更不自然,甚至更迷信的(*Enquiry*, 197-8)。

和哈奇森一样,休谟的研究不是明确地以法律变化的过程为对象。但是,他强调在特定的社会中,基于所有权的效用,人们在习惯的力量下最终接受关于它的某些协议的渐进过程。通过这些研究内容,他制造了法律演化观念得以兴起的氛围。尤其值得一提的是,他提出了这样的观点,即一个文明而有秩序的社会所必需的制度,可能在创立之时并未抱有这一目的。尽管制度"对于公众有利,但这并非创立者为了这个目的而刻意为

之"(*Treatise*, 529)。

孟德斯鸠(Montesquieu)

休谟关于法律制度的特点及其渐进发展的观点,是其宏大的人性研究的一部分。尽管他已经非常清晰地对它们进行了阐释,但是除了在分析所有权取得方式时援引了大量罗马法内容之外,其并未把它们与具体的法律制度联系起来。从这个意义上来说,休谟的理论是抽象的。相比之下,他的思想对于法律变迁理论的影响不及同时代的法国人孟德斯鸠男爵(Baron Montesquieu)。在休谟出版《人性论》8年后的1748年,孟德斯鸠发表了他的《论法的精神》(*De l'esprit des lois*),很快这本书便被翻译成英文出版。[1] 孟德斯鸠通过大量例证阐释法律与社会条件之间的关系,然而要提炼他的那些被大量细节所淹没的真知灼见,有时并不容易。

熟悉自然法传统的人在初次接触孟德斯鸠时,会觉得他的理论并不是很激进。因为《论法的精神》的开篇就是一段让人觉得很可靠的观点,他写道:"从最广泛

---

[1] 译者托马斯·纽金特(T. Nugent, 2 vols., London, 1752);我所使用的是1823年版。

的意义来说，法是由事物的性质产生出来的必然关系"（I.1）。*上帝、物质世界、兽类和人类，每一种存在物都各有其法。把人类和其他存在物区别开来的，正是为全人类所共有的理性；而"一般地说"，人类的法律"在它支配着地球上所有人民的场合，就是人类的理性"（I.3）。所以一个国家现实的法律体系就是人类理性在该国的具体运用。行文至此，孟德斯鸠笔锋一转写道，尽管理性是永恒不变的，但必须适应于不同社会的不同情境。事物的本性在各个社会中是不同的，理性不能忽视这些差异。

> 每个国家的政治法规和民事法规……应该是非常适合于该国的人民的；所以如果一个国家的法律竟能适合于另外一个国家的话，那只是非常凑巧的事。法律应该同已建立或将要建立的政体的性质和原则有关系……法律应该和国家的自然状态有关系；和寒、热、温的气候有关系；和土地的质量、形式与面积有关系；和农、猎、牧各种人民的生活方式有关系。法律应该和政制所能容忍的自由程度有关系；和居民的宗教、癖好、财富、人口、贸

---

* 此处译文参见［法］孟德斯鸠：《论法的精神》，张雁深译，商务印书馆1961年版，第1页。下引《论法的精神》译文，均出自这一译本（有删改），不再一一出注。——译者注

易、风俗、习惯相适应。最后，法律和法律之间也有关系，法律和它们的渊源，和立法者的目的，以及和作为法律建立的基础的事物的秩序也有关系。应该从所有这些观点去考察法律……这些关系综合起来就构成所谓"法的精神"（I.3）。

孟德斯鸠认为，法律并非社会管理的唯一规范。在一个社会里，宗教、习俗、礼仪、政治传统也调整着人的行为，并且各种规范之间是相关联的。它们结合在一起，共同决定了一个国族的精神。孟德斯鸠在他的书中引用了大量的例证阐释这一基本观点。这些例证，有的来自古典时代的作家，其他的则来自同时代的游记作家。关键是，法律应该反映不同社会的差异；它们在多大程度上体现了这些差异，就在该相应程度上是优秀的法律。

例如，他解释说，在气候炎热的地方，女子早熟，在她们开始对男子产生吸引力的时候，距离理性成熟还早得很。"因此女子的'理性'和'容色'永远不能同时存在。"在这种气候的地方，女子都早婚，并因而必然处于依赖其丈夫的状态中。所以，一夫多妻制就是被允许的。相反，在气候温和的地方，女子成熟较晚，当她们能够生儿育女时年龄通常比较大了，所以在结婚时她们已经具备较多的知识，也更加理性。两性之间更加平等，所以法律才能要求一夫一妻（XVI.2）。

显然，孟德斯鸠论著的主题与自然法作家是不同的；后者主要关注在政治社会出现之前的自然自由状态下的基本规则，而他则更多地考虑已经存在某种形式的政府的成熟社会的法律。他只用了一页纸的篇幅就打发了自然法（I.2），然后就把精力集中在实证法上。他的目的是，为立法者制定出好的法律提供指导。"好"并非意指那种抽象的东西，而是指对特定的社会有益。孟德斯鸠不是环境决定论者，他认为实证法主要是由立法者制定的。基于民众的政治组织、物质条件、宗教等因素，立法者所能做出的恰当行为固然是受到限制的，但不管怎样他们还是能够在他们制定的法律中留下自己的印迹。

孟德斯鸠认为，法律一定是变化的，在某些段落中他似乎考虑了一种周期性变化的模式。但是，有关变化的过程，他却含糊其辞，没有给出任何关于法律发展的理论体系。《论法的精神》是一本了不起的著作，因为它突出了个别和具体；它之所以能够广为流传，也是因为这个特点，至少是部分得益于此。它把人们对于法律的思考焦点，从无论身处何种社会皆受其约束的自然法规，转移到在特定的社会中作为独特现象存在的、过去的和现在的法律。他把法律之间的差异与社会以及社会经济状况的区别相关联,却并未从历史的角度来理解这些差异。他既没有把古代社会与现代社会相关联,也不认为所有社会都经历了一些可识别的发展阶段。事实上,他不愿意轻易地确认宏大的因果关系。所以在讨论贸易的重要性时,他说:"我很知道,有些人充满了两种思想,一种认为,贸易是世界上对一个国家最有用的东西;另一种认为,罗马人的施政在世界上是最好的,所以这些人相信罗马人一定曾经大大鼓励并尊重贸易;但是事实上罗马人很少想到贸易的事"(XXI. 14)。

孟德斯鸠没能在某些古代社会和当时的野蛮社会之间发现共同点,并非未能预料后来的作家在不久的将来会提出何种观点的失败。1724 年出版的一本名为《美洲印第安人和古希腊人习俗比较》[1](*Moeurs des sauvages Amériquains Comparées aux moeurs des premiers temps*)的著作,已经对美洲印第安人和古代希腊人的习俗进行了详细的比较,它的作者约瑟夫-弗朗索瓦·拉菲托(J. -F. Lafitau)和孟德斯鸠一样,都是波尔多人。但孟德斯鸠却从未引用过他的著作。此前的作家只是把美洲印第安人当作野蛮人,此外再无其他。作为一名耶稣会士,拉菲托在易洛魁地区生活多年,被印第安人习俗和

---

[1] Edited and translated by W. N. Fenton and E. L. Moore, *Champlain Society* (2 vols., Toronto, 1974), I.

他读过的古典著作中记载的习俗之间的一些相似性所深深震撼。他说,他不满足于仅仅了解印第安人的生活方式,所以遍阅古典文献,搜寻关于原始民族习俗的记载,以便与他在美洲观察到的习俗相比较。他把从古典文献和同时代的旅行家那里搜集而来的大量资料整理出来,用以说明新世界的习俗与据称是古代世界边缘地区的习俗具有相似性。在他看来,两者间的相似性是如此惊人,而这些相似的习俗本身又是如此独特,以至于只能以它们同宗同源来进行解释了。他认为,新世界是由从旧世界途经亚洲迁徙而来的人构成的。

关于拉菲托的作品的意义,用他自己的话说最好:

> 我承认,如果说古典作家为我提供了据以提出关于印第安人的恰当的猜测的知识的话,印第安人习俗则提供了基本的信息,让我对很多古典作家的文字理解起来更容易,解释起来也更便利。我的作品的发表,或许能够为那些对理解古典作家有兴趣的人开启进一步研究的新路径。

荷马的《奥德赛》(Homer's Odyssey)是一部关于不同民族的民俗学作品(I.27)。用莫米利亚诺(A. D. Momigliano)教授的话说,拉菲托的著作通过对比希腊和易洛魁的习俗,"向世人揭示了一个简单事实,即希腊人也曾是野蛮人"。[1]

孟德斯鸠可能基于宗教原因对拉菲托怀有偏见。[2]即使这样,很快就有人利用拉菲托的"简单事实"推动了孟德斯鸠的理论向前产生了重要发展。有些社会以及它们的法律原始,有些则先进,孟德斯鸠对此十分清楚,但他并未解释决定有些社会进步而其他不进步的原因。鉴于他认为一个社会的精神由多重因素构成,而他又不愿把某些因素的重要性置于其他因素之上,所以就很难提出这样一种解释了。

由孟德斯鸠的作品所激发的兴趣,引领着思想家们思索那些他以激动人心的笔触描写的社会差异的根源。在《论法的精神》发表后的十年间,他提到过的众多因素中的一个,即生产方式受到关注。在其书开篇所列出的影响法律的各种因素中,孟德斯鸠提到了"农、猎、牧等人民的主要生产方式"(I.3)。后面他又指出,"法律和各民族谋生的方式有着非常密切的关系。一个从事商业与航海的民族比一个只满足于耕种土地的民族所需要的法典,范围要广得多。从事农业的民族比那些以牧畜为生的民族所需要的法典,内容要多得多。从事牧畜的民族比以狩猎为生的民族所需要的法典,内容那就更

---

[1] *Studies in Historiography* (London, 1966), 141.

[2] Lafitau, edn of Fenton and Moore, lxxxiii and xciii.

多了"（XVIII.8）。

来自法国和苏格兰的从事法律起源方式研究的两派学者，以两种方式发展了这些理论。其一，他们认为，生产方式不仅是影响一个社会法律特点的因素之一，而且是决定其性质与范围的至关重要的条件；其二，他们颠倒了孟德斯鸠理论的顺序，将其转变成可以普遍地适用于原始社会的发展机制。

最终，出现了这样一种理论：早期社会经历了若干特定的发展阶段，最初认为是三个阶段，后来提出是四个阶段。这些阶段包括狩猎、畜牧、耕种和经商。

罗纳德·米克（R. L. Meek）教授[1]详细地陈述了四阶段论的证据。他说，在法国思想家看来，杜尔哥（Turgot）在《世界史》（*De l'histoire universelle*）一书中最早阐释了四阶段论。该书创作于1751年至1752年间，但直到作者死后才发表。

古吉（Goguet）

1758年出版的安东尼·伊万·古吉（Antoine Yves Goguet）的《关于最古老民族中的法律、艺术和科学的

---

[1] Meek, *Social Science and the Ignoble Savage*（Cambridge, 1976), 68ff.

起源和发展》(*De l'origin des lois, des arts, et des sciences, et de leurs progrès chez les anciens peuples*)[1]，是最早阐释与法律在社会中的发展有关理论（兼及其他研究主题）的法语著作，因为偶然的原因这也是包含该理论的最早出版物之一。古吉是一位律师，同时也是巴黎议会议员；在出版上述著作的同一年，他死于天花，享年42岁。他的作品引起了相当大的关注，1761年在爱丁堡出版的英文译本，使得法国和苏格兰思想家在这一主题上建立了联系。古吉对上起大洪水时期、下至居鲁士大帝（Cyrus）就任波斯帝国国王这一历史时期的发展做了非常系统的记述，其中以巴比伦、希伯来、埃及和希腊为主，但也广泛涉及诸如印度等其他国家以及作者生活的那个年代的野蛮社会。该书根据历史时期分为三卷，其中第一卷截至雅各布（Jacob）之死，第二卷迄于以色列人普遍建立君主制；每一卷又都分为六篇，分别分析法律与政府、艺术与生产、科学、商业与航海、军事科学（art-military）和风俗习惯。

在前言中，古吉批评他之前的学者"依据空想而不是事实，以他们自己的想象而非历史之光作为指引，以致他们过于沉浸在猜测之中"，他宣称他会更忠于历史

---

[1] Translated by Henry, Dunn and Spearman (3 vols., Edinburgh, 1761); Meek, *Social Science*, 94ff.

(p. v)。他暗示说,他将比孟德斯鸠更全面、更忠于史实和更系统。

"我计划在本书中完整地呈现各个民族在各个时期的全部知识……以使我们对上述所有知识领域在同一时期不同国家之间的差异,以及同一国家不同时期的差异有所了解"(p. ix)。由于"一个民族所发展出来的艺术带有这个民族的强烈的印记,所以,认真地对它的起源和发展进行研究,是发现世界上各个民族的精神、气质以及风俗习惯的最有效的方法"(p. v)。

虽然承诺会尽可能地避免推测,但古吉承认,对于上古时期,他常常遇到没有事实和史迹可用的问题。他似乎是重复拉菲托的话来解释自己处理这类问题的方法。他对这一方法的陈述值得在此详尽转述:

21   在查阅了古代和当代学者关于野蛮民族的风俗习惯的论述后,我猜想,被混乱的人类语言以及早期部落散居各地之后的状态,可以借助上述野蛮民族的行为准则获得较为清晰而合理的认识。通过对比从古至今的这类记述,我们能够借以消除对某些不同寻常的事实的疑虑。我认为,这种方法是靠得住的。尤其是有关美洲的描述,在这部作品中发挥了极其重要的作用。通过这块新世界最重要的一部分刚刚被发现时的状态,我们可以推测大洪水之后的一段时间里古代世界的情况。通过把早期的探险家对美洲的描述,与古代遗迹所反映的、据推测是生活在我们这块大陆上的人类先民的风俗习惯相比,我们无法忽视其中最明显和引人注目的相似性和一致性。所以,我常常把当代旅行家和古代历史学家的记载进行比较,综合他们的叙述,以期支持古代学者的见证,展示他们描述的某些事实和提及的某些习俗的可能性甚至现实性。如此一来,这些文章对比、融合,并相互支撑,为我关于大洪水以来人类理解力的发展和发现历程的论述奠定了坚实的基础。因为……在那之前人类积累的知识,几乎完全遗失在那可怕的废墟中了(pp. xiv-xv)。

在分析法律和政府的起源时,古吉区分了法律在无论多么落后的社会中都具有的本质和在农业社会中的特质。

人类曾有这样一个时期,他们完全依赖野生的水果、渔猎和牧群维持生计。这种生活方式迫使他们常常迁徙,没有固定的居所。此即农业被发明之前古代人类的生活方式。时至今日,还有不少民族过着这样的生活,如塞西亚人、鞑靼人、阿拉伯人、蛮族人等。

农业的出现带来了一种全新的生活方式。从事农业生产的民族，需要固定生活在特定的区域。他们修建城市并居住于其中。这类民族与不重视或不了解农业的民族相比，需要更多的技艺，因而也必然需要更多的法律（pp. 16–17）。

即使在非农业社会所需要的法律之中，也包括动产产权、婚姻仪式和刑法这些内容。除此之外，一个农业社会还需要与地产、遗产有关的法律，也就是我们所谓民法的大部分内容。"农业……催生了人类最重要的生产技艺，这种技艺又推动了商业的产生，而商业必然导致大量规范的出现。此后，随着商业的发展而相应地对各种规范作出增改就成为必要之事了"（p. 33）。

虽然古吉强调农业的出现是民法发展的关键，但到这里为止，他并未指出任何社会发展的阶段。之后在讨论生产方式进步时，他才提出了一种社会发展理论。

在某些地方，社会起源于狩猎与捕鱼技艺的进步。尤其是狩猎，它是初民时代很大一部分人的主要谋生手段。为了抵御野兽的袭击，也为了获取生活资料，他们不得不这样做。现在在新旧大陆还有很多民族完全以渔猎为生。

但是对于那些更勤劳也更有眼光的人类群体而

言，他们很快就发现，在遍布大地的难以计数的动物之中，有些动物结群而居，且比其他动物更易驯养和驾驭。他们努力地驯服这些动物，圈养它们，令其不断繁殖，以便时时保有充足的生活资料存量供自己支配。很大一部分的人类初民，在此后的漫长历史中，依赖他们的畜群获取主要的生活资料。我们知道，时至今日还有不少强大的民族维持着这种生活方式，从他们的牛羊群身上获得所有的生活所需。

接下来，人类致力于探索各种从土地中生长出的东西。无需任何栽培，大地就馈赠给他们很多植物和瓜果，这些植物和瓜果为他们提供充分而适当的营养。他们又对这些植物和瓜果进行观察，从中挑选出最好的种类，特别是采收之后保存时间最长的那些。然后，他们会尽力去找出使用它们的最好方法，通过栽培以发现提升产量和改善品质的技艺。现在的我们之所以能够享有数不清的技艺和科学，皆因受惠于农业的发现（pp. 84-5）。

未来对这些理论的详细阐释出现在苏格兰，而不是法国。

第二章

苏格兰法哲学史

古吉指出,孟德斯鸠编排其所搜集的资料的方式,隐含着一种社会发展模式。与此同时,一些苏格兰学者也有类似的发现,他们更专注于将这一发现应用于法律。这些学者以一个友善的人物——亨利·霍姆(Henry Home)为核心,而亨利·霍姆于1752年以凯姆斯勋爵(Lord Kames)[1]的头衔担任苏格兰最高民事法院(the Court of Session)法官。这些学者还包括大卫·休谟(凯姆斯的远房亲戚)、亚当·斯密(Adam Smith)、约翰·米勒(John Millar)。孟德斯鸠的《论法的精神》一经出版,他们就读到了它。作者本人曾经送给休谟一本,休谟则帮助孟德斯鸠将其最新修订的选译本在爱丁堡出版。[2]

---

[1] P. Stein, "Law and Society in Eighteenth-Century Scottish Thought", in *Scotland in the Age of Improvement*, ed. N. T. Phillipson and R. Mitchison (Edinburgh, 1970), 148-68.

[2] E. C. Mossner, *Life of David Hume* (Edinburgh, 1954), 229.

达尔林普尔(Dalrymple)和凯姆斯(Kames)

最早出版的提出根据生产方式将社会划分为四阶段的作品出现在 1757 年,也就是古吉的著作在法国出版的前一年。此即《大不列颠封建财产权概论》(*An Essay towards a General Theory of Feudal Property in Great Britain*)[1],作者是年仅 31 岁的克兰斯顿人约翰·达尔林普尔(John Dalrymple of Cranstoun),他在 1748 年成为一名出庭律师(advocate)。该书旨在追溯英格兰和苏格兰的土地法在封建制度下产生后的发展历程;"记述它们在不同时代之间的变化并指出这些变化的原因"(p. vii),它的写作出于政治和学术的双重动机。"该发展历程需要更深入的研究,因为只有英格兰和苏格兰两国的臣民了解彼此的法度,两个王国才能完美地联合"(p. viii)。达尔林普尔模仿了《论法的精神》和《论财产没收法》(*Considerations on the Law of Forfeiture*)的写作方法。后者的作者查尔斯·约克(Charles Yorke)是大法官哈德威克伯爵(Lord Chancellor Hardwicke)之子,凯姆斯曾就苏格兰与英格兰的法律统一问题与其通

---

[1] 我所使用的是本书第 4 版(London, 1759); cf. Meek, *Social Science and the Ignoble Savage* (Cambridge, 1976), 99-102.

信讨论。这两部著作史无前例地指出,"哲学、史学与法理学的结合是可能的,甚至像学者和绅士一样从事法律主题的写作也是可能的"(p. ix)。

达尔林普尔将该书献给凯姆斯,后者为他指引了包含在该书中的总体研究路径,并且声称书中的很多观点业已经过"我们这个时代最伟大的天才的修正"(孟德斯鸠)。鉴于孟德斯鸠在1755年2月去世,该书的若干修改稿在这之前肯定已经完成。

社会发展阶段论是作为土地转让史的引论而提出的(ch. III)。

> 最初的社会状态是渔猎;这个阶段的人,其财产观念限于而且仅限于一些动产;而不可移动之物则被认为是共有的(p. 76)。

美洲部落的人为了捕猎,会步行数百英里。

> 当这种生活方式的不便和危险导致放牧出现时,第二个社会阶段就开始了。在这一时期,一旦羊群在一个地方吃过一遍后,牧羊人就会驱赶它们到另外一个地方;而它们离开的那个地方就会留给下一个愿意占用之人。所以,这些牧民对不可移动之物没有财产观念,更遑论实际占用期间之外的所有权了(*ibid.*)。

正如苏格兰制度学者斯泰尔子爵（Lord Stair）——顺便提一下，他是达尔林普尔的祖辈——所指出的，《创世纪》中的族长们所享有的土地被称为他们的占有物（而非所有物）。

> 当人类生齿日繁以至于他们的畜群提供的肉、奶不足以供养他们的生活时，当人们相互之间日益扩展的交往促使他们开辟新的生产技艺尤其是农业生产技艺时，第三个社会阶段就产生了。这种技艺使得人们把自己的想法和劳动倾注于土地之上，从而强化了他们与某一块特定土地之间的联系；这种联系长期存在就演变为一种情感；而这种情感的长期存在，和其他因素一起，会发展出土地所有权的观念（p. 77）。

达尔林普尔只提到了三个社会阶段；虽然他也提到了商业在改善生活水平方面的重要性，但他并未明确提出一个单独的"商业社会阶段"。

由此可以发现，自然法学者是在研究财产观念变化的基础上提出法律发展理论假说的；并且以美洲印第安人作为渔猎民族的代表，以《圣经》中的族长作为游牧民族的代表的论调，在他们的作品中屡见不鲜。但是，此前的作家把渔猎、游牧甚至农业视为可供选择的社会类型，它们可能在所有不同的社会中都存在过。但是他们并未提出，这些阶段构成了所有社会基本都经历的自然过程。

达尔林普尔的论述局限于土地权在不同社会阶段的发展，他可能并未意识到这种思路的潜在可能性。一年后，凯姆斯在其《法律的历史论述》(Historical Law Tracts)一书中，以更为系统的方式把法律的发展和社会的发展关联起来。与达尔林普尔一样，凯姆斯写作这部著作旨在促进英格兰和苏格兰法律的融合。

在凯姆斯六十多岁时，他的作品中充满了信心，洋溢着权威。[1] 在其法律方面的作品中，他的目标是证明法律并不是"一堆赤裸裸的命题……它们的存在既没有条件也不产生后果"，而是堪比道德哲学的一种理性科学(Elucidations, vii-x)。他认为，"任何事件和它的从属事件都是关联的，由规律性的因果关系链所连接。如果追溯法律的历史，从蛮荒时期的雏形，通过一系列变化直到文明社会中的最高发展形式，那么法学尤其属于一种理性研究"(Law Tracts, I. v)。孟德斯鸠首次提

---

[1] Historical Law Tracts (2 vols., Edinburgh, 1758); Elucidations Respecting the Law of Scotland (Edinburgh, 1777); cf. I. S. Ross, Lord Kames and the Scotland of His Day (Oxford, 1972), 202-21; W. C. Lehmann, Henry Home, Lord Kames, and the Scottish Enlightenment (The Hague, 1971), 177-215; Meek, Social Science, 102-7.

出根据法律制度与社会环境的关系对其作出解释的必要性。然而,他的著作不是关于历史的,所以并未提出一种发展模型。凯姆斯认为孟德斯鸠的方法有局限性。"声名远播的作者进行了大量论述,且这些论述令人满意的程度不亚于它们的可靠性。但是,一种充满活力的、偏好新奇和优雅的天赋,导致他在很多方面犯了错误"(*Elucidations*, xii)。类似地,大卫·休谟对孟德斯鸠的著作这样评述,它"充满富有创见的卓越思想,而且不乏稳固可靠性"。话锋一转,休谟补充道,他提出了一种理论,根据这种理论,一切权利"都建立在一定的联系(rapports)或关系的基础上",这个理论"绝不会与真正的哲学相一致"(*Enquiry*, 197n.)。

正如邓肯·福布斯(Duncan Forbes)[1]先生所指出的,《论法的精神》缺少一个把作者对法律和社会的论述组织起来的原则。把法律和从野蛮到文明的社会发展进程关联起来的原则的缺失,被苏格兰思想家弥补了。凯姆斯所讨论的其中一个主题——同一时期该主题也曾引起过古吉的关注——是埃及刑法及其与该国独特的地理位置之间的关系。他忽然意识到尼罗河是法律本身的一个隐喻。

---

[1] "Scientific Whiggism: Adam Smith and John Millar", *Cambridge Journal*, 7 (1954), 646ff.

> 当我们初涉任何国家当下的国内法时，我们就像是一个横穿尼罗河三角洲的旅行者，迷失在无数的支流之中。但当我们从源头出发，沿着法律发展的流向……追溯所有和它相关联的事物和依赖它的事物，并不比探索那条雄伟的河流入海之前所分岔出的众多支流更困难（*Law Tracts*, I. ix-x）。

如果凯姆斯的第一个目标是历史，那么他的第二个目标就是比较，把一个法系中的制度与另一法系中的类似制度相比，并通过援引各自的社会和文化差异来解释制度间的不同。因为当凯姆斯论及历史地对待法律时，他并非意指抛开它们的起源、目的或对其他地方的类似仪式的参照，而以一种古文物学家的方式专注于法律的形式和仪式的精确细节。历史，意味着系统地分析、比较和解释，正如生物学中"自然历史"这一术语所指的那样。

在强调因果关系和连续性的意义上，凯姆斯的历史还具有哲学意味。他想要把法律史呈现为一种连续发展的模式，所以他并没有局限在所谓的最早阶段的法律。与古吉在同年发表的著作中的方式类似，他在《法律的历史论述》中详细地论证了自己的研究方法：

> 为了追溯黑暗时代未曾留下记录或仅有少量记

录的法律史，因无法提出任何完整的历史链条，我们必须借助诗人和历史学家提供的线索、间接的事实以及从政府、民族和时代的属性出发所作的谨慎推理，努力提出一种带有裂痕的链接。这也是我们能够采用的最好方法。如果我们用尽可用的线索，并且推理的结论与少数已确定的事实相一致，再把所有这些连接成完整的链条，那将是人的努力所能获得的最大的成果了。至少就说服力而言，我们可以提供完整的证据。追溯任何一国的刑法史时，我们绝不能期望从档案中可以获知所有的措施和变化。事实上，在档案被保存之前，甚至在书写成为一般技艺之前，很多措施和变化已经出现了。我们必须满足于能够从不同国家的法律中获得的事实和情况；如果将这些事实和情况综合在一起能够形成一个完整的因果关系体系，那么我们就有理由得出这样的结论：这一历程在所有国家中是一样的，至少在重要的情形中是一样的；因为出于偶然，或出于一个民族、一个政府的特异属性，总会出现一些特质（I. 36-7）。

与哈奇森和休谟相比，尽管凯姆斯的研究更偏重历史，但他仍然延续了他们突出强调心理因素的做法。有关财产的论述，他和达尔林普尔一样采用了三阶段理论，写道：在渔猎和游牧社会，所有权形式是很简单的，而到了农业社会则变得复杂起来。接着，他猛烈抨击了封建法律，认为封建法律是暴力的、非自然的法律体系，阻断了人类的进步。因为它与"人类所有欲望中最稳定、最孜孜以求的独立和所有权"相违背（I.198）。

继承法尤其受到强烈的心理因素的推动，对此凯姆斯兴致勃勃地进行了论述：

> 我们渴求财富；同时，只有当我们有权令它们永不灭失且自己和家人有权永远占有它们时，我们才会对充分占有这些财物感到满足。我们知道这个目的无法完全实现；但我们借助想象力来尽可能地接近它。一个拥有万贯家财的人不会放弃他的财富，然而可叹的是，他一定会死，并且要把财产留给别人。为了让这个凄凉的前景不那么令人悲伤，他做了一件事以阻止自己的财产流失，把它们保留在自己以及那些通过不断地继承代表自己的人的手里；他的财产和他的继承人必须永远带有他的名字，这些都旨在让对于他的记忆和他的财产能够存续下去。因为人是必死的，这个令人兴奋的想法是多么不合宜啊！不幸的是，封建法律给出了一种满足这种欲望的建议（I.217-18）。

同样地,在论述刑法发展时,凯姆斯把它和受害者怨恨的情绪以及复仇的冲动联系起来。正因为"复仇作为人性的宝贵特权不会轻易被放弃"(I.30-1),才导致由社会参与刑事纠纷的处理比民事纠纷更耗时。此处,他也适用了社会发展三阶段说。在这一语境下,他认为,只要有一点关于早期历史的遗迹,我们就可以追溯任何国家从渔猎社会经游牧社会到农业社会的"进步"(I.77)。在指出渔猎社会是由独立家庭构成的社会形式而游牧社会相对稍微复杂之后,他接着写道:

> 社会的真正精神,在于互利,在于使个人的勤劳在利己的同时利他。这种精神直到发明农业之后才被认识到。农业需要很多其他技艺的配合,木匠、铁匠、泥瓦匠和其他手工艺者均有助于农业发展……由农业生产导致的大量个体之间形成的关联密切社群,认识到了很多前所未知的社会责任。这些责任有必要通过法律予以确认,而对法律的遵守又必须执行惩罚。若非赋予一个或几个人以权力,上述运作无法被执行,也无法运用全社会的力量。总之,这可以用一个普遍的格言来描述,即政府朝向完美的发展过程,完全与该社会向一个密切关联的社群发展的历程相一致。

因为强调"正是因为农业才产生了最早的正式的政府体系",所以凯姆斯写道,生活在尼罗河三角洲的埃及人的特殊情况必然可以证明,农业、发达的政府和完备的法律"与一国人口的繁衍充实出现在同一时期"(I.78-80)。

既然凯姆斯已经提出了社会发展的三个阶段且暗指存在第四个阶段,那么关于承诺和契约的论述就很重要了。因为"农业的发展和勤勉的劳作带来了剩余产品,所以人们以此交换一些外来的必需品"。随之而来的商业的兴盛,使得对与契约有关的规则的需求更强烈了(I.92-3)。

凯姆斯之于苏格兰启蒙思想家的影响,就像一位具备各种观念的人,他刺激、鼓励和批评其他人去评价和适用这些观念,而非发现他潜藏在这些观念中的含义。他的兴趣是百科全书式的,包括道德哲学、文学批评和农业,当然也包括法律;他在自己的审判工作中,为苏格兰法律实务的发展做出了重要的贡献。他尝试把法律作为一个哲学主题,但并不完全成功;作为法律人而言,他有时太过脱离实际;作为哲学家而言,他又太过技术化了。1759年,大卫·休谟在给亚当·斯密的一封信中写道,"我对凯姆斯的《法律的历史论述》表示担忧。只有认为苦艾和芦荟的混合能制作出好的酱料的人,才会把形而上学与苏格兰法律的结合视为是可以接受的。"[1] 凯姆斯的成就引起了他的朋友对法律及其发展这个问题的兴趣。

亚当·斯密(Adam Smith)

尽管达尔林普尔和凯姆斯事实上最早发表了法律的发展与经历某些特定阶段的社会生产方式有关的理论,但是来自他们所在的沙龙中的另外一位成员,亚当·斯密可能对该理论的形成做出了比他们更大的贡献。[2] 在结束了六年多的牛津大学求学生活之后,亚当·斯密返回苏格兰,接下来的很多年里,在凯姆斯和其他一些人的支持下,他在爱丁堡大学讲授关于社会发展的课

---

[1] Quoted by W. F. Tytler (Lord Woodhouselee), *Memoirs of the Life and Writings of Lord Kames*, 2nd edn (3 vols., Edinburgh, 1814), I. 318.

[2] 1976年,为纪念《国富论》(*Wealth of Nations*)问世两百周年,学界发表了很多相关文献。参见 the survey by H. C. Recktenwald, "An Adam Smith Renaissance, anno 1976?", *Journal of Economic Literature*, 16 (1978), 56–83; D. Winch, *Adam Smith's Politics* (Cambridge, 1978); *Essays on Adam Smith*, ed. A. S. Skinner and T. Wilson (Oxford, 1975); and Glasgow Edition of the *Works* (used here): *Theory of Moral Sentiments*, ed. D. D. Raphael and A. L. Macfie (Oxford, 1976); *Wealth of Nations*, ed. R. H. Campell, A. S. Skinner and W. B. Todd (2 vols., Oxford, 1976); and *Lectures on Jurisprudence*, ed. R. L. Meek, D. D. Raphael and P. G. stein (Oxford, 1978), on which see P. Stein, "Adam Smith's Theory of Law and Society", *Classical Influences on Western Thought, 1650–1870*, ed. R. R. Bolgar (Cambridge, 1979), 263–73.

程。在爱丁堡的讲座中已经初具雏形的一些概念,在他1752年被授予格拉斯哥大学道德哲学教授——这个职位此前由他的老师哈奇森所享有——后得到更为深入的阐释。与哈奇森一样,斯密首先研究伦理,然后研究道德中与正义相关的那部分。约翰·米勒是斯密在格拉斯哥大学任教初期的学生,后来成为他的同事。米勒是这样描述斯密的这一部分讲座的:

> 关于这一主题,他沿着大概是由孟德斯鸠提出的研究路径;努力追溯从最原始到最文明的时代发展中,公法以及私法哲学的渐进过程;指出那些有助于生存和财富积累的技艺在推动法律和政府进步与变革中所发挥的影响。[1]

1759年出版的《道德情操论》(*Theory of Moral Sentiments*)是斯密公开发表的第一部重要作品。在这本书的最后,他宣称其目标是研究"对法律和政府的一般原则的阐释,以及对政府和法律在不同的年代和社会阶段中所经历的不同的革命的解释,不仅是那些与正义相关的革命,而且还包括那些与治安、税收、军队以及其他任何法律的客体相关的革命"(p. 342)。尽管在此后的

---

[1] D. Stewart, "Account of the Life and Writings of Adam Smith, LL. D" (1973), *Collected Works* (10 vols., Edinburgh, 1854-60, reprinted Farnborough, 1971), x. 12.

30 年间斯密始终怀有这一目标，但直到《道德情操论》第 6 版出版时，他也没有提出上述解释。

从最近出版的根据当时学生的笔记编纂的斯密在格拉斯哥大学讲座的报告中，我们可以发现一些重要的论题和他研究这些论题的方法。[1]

在这些讲座中，斯密以哈奇森的研究计划为模板；初看之下，他似乎是在解释传统的格劳秀斯和普芬道夫的自然权利。但是他吸收了休谟提出的财产制度渐进发展的学说和孟德斯鸠提出的法律与特定的社会条件相关联的理论。他熟悉各种对美洲印第安人的描述，而且对他们和古代希腊人在生活方式上的相似之处——正像拉菲托认为的那样——很敏感。所有这些影响共同催生了凯姆斯和他的学术沙龙所寻求的那种法律制度的哲学史。一种影响更为深远的理论已经初露端倪，即斯密所钦佩的马基雅维利的思想[2]以及其他与其风格相同的政治理论作家的思想。

马基雅维利认为，一个国家的利益有赖于它的公民

---

[1] Smith, *Lecture on Jurisprudence*.

[2] 在罗希恩（J. M. Lothian）汇编的《修辞与文学讲义》（*Lecture on Rhetoric and Belles Lettres*, London, 1963）一书第 110~111 页，他评价马基雅维利是唯一的现代历史学家，因为马基雅维利"满足于历史的主要目的，他不偏不倚地把历史事件本身相互关联，并把它们和各自的原因联系起来"。

通过自己的军队来捍卫它。但是，当一支纪律严明的由国民士兵组成的军队获得了军事胜利并为他们的国家赢得了和平时，他们曾经拥有的英勇很容易堕落成为懒惰。他们因为和平的社会环境而变得富有，于是付钱给雇佣兵为他们提供防卫，而不是自己保护自己。并且，他们变得腐败且懒惰。及至此时，他们被迫团结起来从头来过。马基雅维利如此描述这个有序和失序的循环：

> 可以看得出来，在兴衰变化规律支配下，各地区常常由治到乱，然后又由乱到治。因为人世间的事情的性质不允许各地区在一条平坦的道路上一直走下去；当它们到达极尽完美的境况时，很快就会衰落；同样，当它们已变得混乱不堪、陷于极其沮丧之中、不可能再往下降时，就又必然开始回升。就是这样，由好逐渐变坏，然后又由坏变好。究其原因，不外是英勇的行为创造和平，和平使人得到安宁，安宁又产生混乱，混乱导致覆亡；所以，乱必生治，治则生德，有德则有荣誉、幸运。[1]

詹姆斯·哈灵顿（James Harrington），作为马基雅

---

[1] *History of Florence*, Book v, ch. 1, in *Chief Works*, translated by A. Gilbert (Durham, N.C., 1965), 1232. （此处译文参见 [意] 尼科洛·马基雅维里：《佛罗伦萨史》，李活译，商务印书馆1982年版，第231页。——译者注）

维利在英国的追随者，在1656年出版了一本书叫《奥希阿纳》（*Oceana*），书中他描绘了英格兰可能变成的理想的样貌。哈灵顿并没有像马基雅维利那样把服兵役提升到公民道德的高度，他认为服兵役具有保护封建土地制度的功能，因而应该以土地占有权为基础。封臣服役乃是应其领主之随时召唤，而土地的永久持有者服兵役则是为了保卫共同体。

哈灵顿引用霍布斯的话说，如果没有剑作为保障，法律只不过是白纸一张，他补充写道：

> 所以他（霍布斯——译者注）可能已经想到，如没有持剑之手，剑不过是寒铁而已。这持剑之手正是一国之国民军……但是，军队是一个胃口很大又必须喂养的野兽；因此这会影响到你的生活状况，你的生活状况又关系着财富的结余。没有结余，那么政府的剑只能是徒有其名或作用有限。[1]

哈灵顿认为土地所有权是政治权力的基础，并且在他看来，政体的变化取决于对土地控制的变化。据此，他认为政治制度按照循环方式演化。

古罗马最初是这样一个共同体，它的士兵是拥有永

---

[1] *The Political Works of James Harrington*, ed. J. G. A. Pocock（Cambridge, 1977），165.

久土地所有权的公民。但是,自耕农阶层因罗马军队不断的军事征伐和城市扩张而遭受沉重打击。格拉古(Gracchi)阻止权力向少数大地主手里集中的努力没有成功。此后,历代罗马皇帝和受制于他们的军队建立了一种不稳定的君主政体。在这一政体下,权力和土地被皇帝和元老院分享。为了自我防卫,他们慢慢地开始雇佣哥特人作为雇佣兵,而哥特人最终推翻了皇帝并在整个欧洲建立了封建制度。接着,国王与贵族之间的"摔跤比赛"开始了。在英格兰,都铎王朝把军户(military tenants)从他们的封建领主的管辖下解放出来,一个新的拥有土地的国民军阶层的崛起上演了。

据此,哈灵顿提出了一个原则,认为土地配置决定政治权力,"是揭开西方全部历史进程的关键因素"。[1]这一原则让他能够把西方历史描述成一个因果关系链条,据以把古罗马的黄金时代和有可能很快变成一个理想共同体的英格兰——只要它确保土地所有权有效而广泛地被公民共享——连接起来。

除了对土地控制的变化和政府形式变化之间的关系的强调外,在这个思路中最吸引斯密的,绝对是欧洲重要历史时期中所表现出来的规整的循环模式。在证明国

---

[1] J. G. A. Pocock, *The Ancient Constitution and the Foudal Law* (Cambridge, 1957), 144.

家如何开启某一特定时期的场合下,该理论始终保有强烈的"哲学"意味,但它无法证明结果具有完全的必然性。如果一国之公民想要自己决定自己的未来,他们就能做到。

斯密在《法理学讲义》(Lecture on Jurisprudence)的开篇,把法理学定义为"管理公民政府所应依据的规则的理论",进而他宣称"每一种政体的首要目的都是维护正义",他所理解的正义是"阻止社会成员之间彼此侵犯财产"(p.5)。正义是依据权利来定义的。"当剥夺了一个人享有的权利并可据以正当地对他人提出要求的东西时,或更准确地说,当我们无端地对他造成了伤害或损害时,就是破坏了正义"(p.7)。关于人所具有的不同的权利,斯密继承了他的老师弗朗西斯·哈奇森的学说,后者把人的权利分为三类:人作为个体所享有的权利,作为家庭成员所享有的权利,以及作为公民所享有的权利。他所遭受的伤害,相应地他所享有的权利,都取决于他所具有的身份属性。斯密强调说,当他提及权利时,仅指所谓完整的或法律的权利,与不完整的或道德的权利完全不同。他对自然法学者混淆这一区别持批判态度。他非常清楚法律方法的局限性:法律不能使人变得更好。如果有人侵犯了他人的合法权利,它所能使用的最后手段是让他们用金钱赔偿,或把他们投入监狱。所以,一个人享有法定的名誉权,如果有人污蔑他是流氓无赖,破坏了他的名誉,他可以提起诉讼。但他仅仅拥有不完整或道德的权利要求别人对他卓越的学识表示赞扬,如果他配得上这般赞扬的话。

到此为止,斯密的理论与传统的自然法学者并无大的区别。在他研究人所享有的最重要的权利也就是财产权的时候,他提出了新的观点。财产权包括所有权和来源于契约和侵权的债权。为了理解这些权利起源的基础,斯密主张,我们必须弄清楚所讨论的社会处于何种发展阶段。因为与财产权有关的法律在不同的社会阶段变化非常大。接着,他提出了社会发展经历的四个阶段:"第一,狩猎时代;第二,游牧时代;第三,农业时代;第四,商业时代"(p. 14)。

此后,作者在讲义中把对法律权利的解释与四阶段论(four-stage theory)关联起来。这在第一部分"人作为个体所享有的权利"和第三部分"人作为公民所享有的权利"中尤为突出,而在第二部分"人作为家庭成员所享有的权利"中则不那么明显。

斯密从不把人看成是孤立的。在最早期的狩猎时代,一个社群由若干独立的家庭构成,政府和法律几乎不存在,私有财产也几乎不存在,偷盗是无足轻重的小事。与家庭成员相关的事务在家庭内部就可以解决。

超出家庭成员范围的纠纷在这一阶段很少见；但是一旦这种纠纷出现，并且有可能妨碍到社群的话，那么整个社群就会介入以解决争端。他们所能做的只有这些，绝不敢动用任何可以被恰当地称为刑罚的手段。设计这种干涉机制，是为了维持公共安宁和个人安全；所以，他们努力在纠纷各方之间进行调和以达成妥协（p. 201）。

这一点从美洲印第安人的情形中得到了证明。

真正的政府是在第二个阶段即游牧时代才出现的。这个阶段不能与第一个阶段共存。"对牛羊群的占有致使作为主要生产方式的狩猎变得非常不可靠、不稳定。"人口与第一个阶段相比更多，人类过着逐草而居的游牧生活。此时，牲畜是属于特定个人的财产。"所以，贫富差距就出现了"（p. 202）。

　　当……一部分人拥有大量的财富而其他人却一无所有时，扩充政府的军事力量、制定常设的法律或规则以确保富人的财产免受来自穷人的侵扰就成为必要之事……在这种情形之下，事实上在任何情况下，法律和政府可以被视为富人为压迫穷人而组成的联合，以维护对财富占有的不平等；如果没有法律和政府，富人的财富将会很快受到穷人的攻击而毁于一旦；如果没有政府的管控，穷人会立即以公开的暴力形式破坏他人的财产，以使他们减损到和自己平等的状态。政府和法律压制穷人，使他们无法通过对富人使用暴力的方式获取财富。富人向穷人申明，他们要么继续受穷，要么同样以富人发家的方式脱贫。因此，在畜牧时代开始后不久，人们就会着手制定不会轻易变动的财产法规或契约（pp. 208-9）。

社会以民众大会的形式执行这些法律。

在这一时期，侵犯财产权的后果比狩猎时代更严重。侵权者最后可能遭到社群的驱逐。斯密把游牧时代的社会比作一个俱乐部。"俱乐部的多数成员作为整体享有驱逐某个成员的权力，同样地，一个社群的成员也拥有这项权力"（p. 204）。

> 正如每个俱乐部或社团有权告诫自己的成员：要么服从我们定下的规矩，要么回到你原来的生活中去，每个社群有权向生活于其中的个体申明，要么遵照我们的法律和规则约束自己的行为，要么离开我们（p. 209）。

斯密明确地表示，这些法律属于传统、固定的做法，而非立法机关制定的法令。"生活在这一时期的民众从未开展过立法";它是"更文明的习俗和进一步发展的政府的产物"（p. 205）。

民众大会将由拥有大量畜群的富人主导并担任首领,而自己没有畜群的人不得不为富人工作,并因此而依附于后者。长此以往,首领基于其财富和大量依附者而获得的权力会变成世袭的。斯密引用了几个民族作为这一社会发展阶段的例证。较为久远的例证有被斯密视为社会人类学家的荷马所描述的特洛伊战争时期的民族,塔西佗（Tacitus）的《日耳曼尼亚志》（Germania）中所描述的日耳曼部族,以及《圣经·创世纪》中所记录的族长时期的犹太人。他特别强调,《圣经》中族长拥有权力是因为他们拥有体现在畜群上的财富。关于仍然处于游牧社会的现代例证,他引用了中亚大草原上的鞑靼人,他们在专制首领的统治下过着游牧部落的生活。

斯密认为,在这一时期社会成员之间的民事诉讼非常罕见,这与惩罚危及社群的犯罪行为恰成对照。在他生活的时代,大多数的诉讼源于三种情况：遗嘱纠纷、婚姻财产协议纠纷和契约纠纷。遗嘱和婚姻财产协议在游牧时代尚未出现,契约的发展也很落后,所以很少有可以导致民事诉讼的纠纷。

所有财产中最重要的土地私有,直到第三个社会发展阶段即农业时代才被承认,但并非该时期一到来就获得承认。最初，土地是集体耕种的，后来才被分割交给个人使用。斯密认为，最初的土地权仅仅在耕种期间存在，一旦农作物被收割后就不再继续存在。他举出了一项在苏格兰乡民中间通行的做法作为例证：只要庄稼已经收割，牛群就可以游走在任何它们想去的地方。这事实上与《1686年冬季放牧法令》（Winter Herding Act of 1686）相冲突。该法令规定，农民于冬季和夏季放牛时，如果被发现其牛群进入了邻居的土地，则对其处每头牛半默克（Merk）的罚款。一般人对该法令及其规定的处罚并不以为意，斯密说，因为他们"对无庄稼则无地权（property in land continues no longer than the crop is on the ground）的观念是如此执着，以至于让他们遵守该法令是不可能"（p. 23）。

在这一时期，财产仍然是权力的基础，而且社会可以区分为拥有生活资料的人和需要设法谋生的人两个群体。后者的谋生手段只能是依附于某些领主或首领。虽然抢劫或偷窃牲口的机会比游牧时代少了，但"随着土地权主体的显著增加，出现了许多新的导致土地权中断的方法"（p. 16）。

正是在这个时候，正规的法院开始设立，立法也开始了。跨越这一社会阶段的可能性，取决于该社会是否具备创造出超出其自身迫切需求的剩余产品的能力和把这些剩余产品输出到其他社会的机会。

一个民族"如果在自己生活的土地上能够安居乐业，通过耕作能够给自己带来稳定的回报，那么他们就不仅可以提高农业生产水平，而且能够在各种艺术、科学和手工业方面取得巨大的进步，只要他们有机会输出自己的奢华（sumptuous）的劳动产品和成果"（p.223）。鞑靼人和阿拉伯人不具备这些条件，所以社会陷入停滞；另一方面，希腊人具备这两方面的条件，所以能够跨入商业社会。这第四个阶段需要法律进一步延伸和复杂化。

政体、财产权的变化和政治变革息息相关。斯密设想了一种政体循环演化的理论，根据这种理论，每个政体"似乎都会走向某种固定的、自我终结的末世"（p.238）。他以一种新马基雅维利主义的姿态，将欧洲历史描述为对政体循环的两次革命。

部落首领离开乡村移居城市，城市人口开始变得密集起来。在这些首领还没有准备好要容忍君主的权力的时候，他们要求分享政府权力，因而这些首领就成了贵族。随着商业的发展，贵族政府被更加民主化的政体取代。这些民主国家，或者发展成领土较小的防御型共和国，即被一小块领土环绕的大的城市，如希腊的城邦（以及此后中世纪的意大利城邦）；或者发展成较大的征服型共和国，如罗马或迦太基。

防御型共和国因战败于征服型共和国而覆灭。它们的军事力量不足以为自己提供充分的防御。因为猎人和放牧者以及早期的农业社会中的所有居民都是战斗人员，但这种状况在居民们开始从事艺术、制造业和手工业时不复存在了，因为他们不可能在不破坏生产的同时参与到战斗中去。无论何时，"只要一国之国民，或者因从事艺术而成为艺术家，或者因经商而成为精明的商人，那么这个城市的国力和武备必然会大幅衰退"（p. 232）。这是历史的教训。

大多数征服型国家都会出现一个类似的问题。随着生活水平的提高，富人将不再为军队服役；兵役成了较低社会阶层的职责，由职业军人组成的常备军就出现了，这些军人忠于自己的将军而非国家。然后，这些将军就攫取了国家的权力。一朝成为皇帝，他们就会控制执政官和立法机构中的多数派。由于民众从事于制造业、商业使得他们耽于享乐，政府只能再一次依靠雇佣军来保卫皇帝。雇佣军的头领背叛了他们的金主。

这正是罗马帝国晚期所发生的。推翻了罗马皇帝的蛮族人当时正处于渔猎或游牧社会。当罗马人不能再对不列颠地区实施防御时，他们让不列颠人自己保卫自己，对抗"苏格兰人和皮克特人，从奥西恩（Ossian

的诗歌中我们知道，这两个民族虽然看起来已经不再继续烤活人的传统习俗，但正处于和美洲人一样的社会阶段"（p. 239）。

周期性变革又重新开始了。（都城以外的）地方上的土地被继承国的首领们瓜分，他们对各自占领的土地享有绝对所有权（allodial）。司法地方化，政府民主化，工商业基本绝迹。各个首领将多余的财产赐给依附自己的人，而依附者则向首领提供各种劳役并接受其保护。封建制度开始发展。

斯密提出，私法的变化并不必然伴随着政治变迁。比如，罗马皇帝无意变革那些关系着普通市民的私法。"个人之间的私务和以前一样，继续以同样的方式、由同样的法庭审判。皇帝不可能通过改变这些程序而得到任何利益，另一方面当民众被允许继续采用原来的程序时，他们更愿意服从自己的政府"（p. 237）。确实，尽管靠近政治核心的人遭遇了屠杀，但"居住在远离宫廷的地方的人却处于温和的统治之下，生活得比共和时期更加和平、幸福，因为这些地方大员面临更频繁的问责，且民众总可以提出上控"（p. 241）。

但是，发展的一般原则是"社会越进步、越努力采取各种方式扶持自己的居民，保障正义、打击破坏财产权的行为所必需的法律法规的数量就越多"（p. 16）。

洛克曾表述过这一观点（*Of Civil Government*, sec. 124），但斯密把它作为自己对权利的所有论述的基础。一个社会所达到的发展阶段不一样，财产的含义也不尽相同。在一般的意义上谈论财产并不可取，我们必须对我们正在讨论的是何种社会以及在这个社会中通行的私有财产观念了然于胸。

斯密主张，一个保卫自己的财产免受侵害或努力恢复自己被错误剥夺的东西的人，只有"当一个公正的旁观者认为他受到了侵害，对他的忧虑感同身受，并赞同他的时候"，他才能被认为遭受了损害（p.17）。有时，某些民族已经进入了某个发展阶段，但它们的邻国却处于相对比较原始的阶段，这会在一些通行的观点中有所体现。荷马证实，在特洛伊战争时期，海盗对富有的邻国发动的战争并不会被认为是不光彩的。

在被问及是商人还是海盗时，奥德修斯（Odysseus）说自己是海盗：

> 这是一个比商人要荣耀得多的身份。海盗总是非常看不起商人。海盗是通过类似战争的英勇行为谋生的战斗人员，而商人却是不具备任何军事技能的非战斗人员，在一个主要由战士组成的尚武民族，他们注定不会获得尊重。

斯密的演化论法理学的意义在于，它让斯密能够以一种不同于传统的自然法学者的方式阐释法律制度的基础。传统的自然法学者强调交易中的个体意志，并且把它与社会的整体利益相对立。

契约是一项重要的私法制度，斯密对契约责任之本质的解释与格劳秀斯和普芬道夫不同。传统的解释认为，契约之所以有效，是因为要约人公开表明了约束自己遵守诺言的意愿（*De iure belli*, II. 11；*De iure naturae*, III. 5）。斯密认为，契约效力来源于要约人的宣示让受约人一方产生的期待。[1] 公正的旁观者并不会认为，受约人应该信赖每一个意思表示。

而且，原始社会并不重视违约行为，通常并不确保契约的效力。他引述了大马士革的尼古拉斯（Nicolaos of Damascus）的话，其大意是，在东方民族中，"契约是没有约束力的，甚至那些返还寄托之物的契约，那些因违约所造成的伤害十分严重而责任重大的契约也是如此"（p. 88）。仅仅是随着商业的发展，契约才开始变得常见；也正是在这个时候才有必要赋予契约以信用，正是在这个时候一项非正式的允诺才会合理地成为让受

---

[1] Hints of this approach in Hutcheson, *System*, II. 1ff; Hume, *Treatise*, III. 2. 5; Kames, *Essays on the Principles of Morality and Natural Religion* (Edinburgh, 1751), I. 2. 7.

诺人产生期待的理由，如果该允诺未被遵守，那么相应的期待就会落空。守约的责任大小取决于违约时所造成的失望的程度。斯密列举了多数法律体系在随后的一个时期引入具有强制执行力的契约的原因：其一，违约所造成的"轻微损害"相当于侵犯财产。其二，"语言的不确定性"导致很难判断一个人是在作出有约束的承诺还是仅仅表达他的意愿。其三，集合全体民众对一项犯罪进行审判十分困难而不便。违约几乎不会造成内部危机，所以在它们造成像谋杀、强盗以及诸如此类的严重后果之前还需要经过一段时间。其四，"早期社会中契约可能涉及的事物所具备的微小价值"（p. 94）。

有这样一个与契约相关的问题在借贷场合会出现，即借贷发生后、还款期限届满前，恰逢旧币废除、发行新币，而同样面值的新币的实际价值低于旧币。"在这样的场合，各国民法的规定与自然正义和衡平差别很大。正义和衡平的要求非常明确，借款人返还的借款应当与他们收到的借款具有同等的实际价值，而非货币的面值……但是各国政府对这个问题的规定恰恰与此相反。"政府为什么会这样规定？因为它们往往在面临财政困难时才会把货币贬值，如此一来，可能仅仅支出相当于过去一半的费用，就结清了它们所有的开销和借款。"但是，为免债主过早地意识到这种行为背后的欺诈本质，政府命令所有的借款都以同样的方式用新币支付。通过这样的应急之法，欺诈就被掩盖了"（pp. 100-1）。

关于财产权，多数国家都认为，通过长期占有某物就可以取得该物的所有权，此即为时效取得之法。传统观点认为时效取得的根据是，如果原物主放任他人长期占有该物，即可推定原物主有抛弃该物之意愿（*De iure belli*, II. 4）。然而斯密写道："没有人会愿意放弃一件重要财产的权利"（p. 36）。因时效而取得所有权的根据必然是"占有者因长期占有而和占有物形成的关联性，以及原所有人对该物因长期失去控制而产生的情感疏离"。[1] 公正的旁观者会被征召，以决断长期占有者何时"可以合理地认为他能够使用占有之物，并且……原所有人此时已经失去了对该物的所有权，也不再有使用它的合理期待了，因为剥夺现在的占有者的占有似乎会对他造成伤害"（p. 32）。

同样地，在分析通过遗产继承取得财产所有权的问题上，斯密与格劳秀斯和普芬道夫不同。他们认为，无遗嘱继承是基于死者本应该作出的遗嘱而发生的（*De iure belli*, II. 7. 3；*De iure naturae*, IV. 11. 1）。死者一般会在遗嘱中表达自己的意愿，但如果他未能订立遗嘱，

---

[1] Cf. Kames, *Essays on Several Subjects in Law*（Edinburgh, 1732）, No. IV.

法律会假定他订立了遗嘱并对他的财产进行分配。斯密反驳说,这种解释有悖历史事实,因为它暗示了遗嘱继承先于无遗嘱继承出现,而在所有的古代和现代社会中,事实都是相反的。人死后通过遗嘱来处分自己的财产的权利"是我们可以想象的延续财产的最伟大的方式之一,所以不可能出现在早期社会"(p. 38)。在渔猎时代,根本就不存在继承;一个人死后他的个人物品、他的武器会和他一起被埋葬。在之后的社会阶段中,所有的财产均被视为家庭财产,"因为它们是靠全体家庭成员的共同劳动取得并维持的,所以也应该用来维持整个家庭"(p. 39)。家长可能在自己活着的时候单独分割家庭财产,但却无法在死后这么做。罗马法表明,起初,所有的后代都参与进来,平均分割他们父亲的财产。他们这么做并非因为这是父亲的遗嘱,而是因为他们自己曾经为取得和维持这些财产出过力,分割之后可以继续占有。

斯密评述道,在本质上,动产的非遗嘱继承规则受到了古代罗马和现代欧洲的同类原则的影响。唯一的重要区别在于遗孀对丈夫遗产的分割。与现代社会相比,罗马时期遗孀对丈夫财产的分割是微不足道的。造成这种差异的原因,可以在罗马婚姻和基督教婚姻的区别中发现:前者是可以自由解除的,后者则不能(p. 47)。

在分析源自犯罪的权利时，历史方法再次引导斯密得出了与自然法学者不同的解释。自然法学者论辩说，之所以惩罚犯罪，乃因顾及公益（*De iure belli*, II. 20. 7; *De iure naturae*, VIII. 3. 9）。斯密却说，真正的原因定然是受害人的愤恨，所以刑罚要达到这样的程度，即一个公正的第三人会认可受害人以该刑罚作为复仇的方式（p. 104）。在早期社会中，需由受害人亲自去索要犯罪行为的赔偿。

> 在阿喀琉斯之盾这个故事的一个片段中，记载着一个杀人者向死者的朋友赠送礼物的故事。之后，政府并未介入此事。我们还发现，登上忒勒马科斯号船的陌生人告诉我们，他从被他杀死的一个人的朋友的手里逃脱了，而不是从法官手里逃脱（p. 108）。

如果受害者受伤是如此之重，以致第三方会认可受害者采取杀死行凶人的方式作为报复手段的话，那么这就是适当的刑罚；受害人或地方法官会以公正第三人的身份实施该刑罚。如果公正的第三方仅仅认可罚金，那么这就是应该对犯罪人实施的刑罚。

采取的刑罚措施应该是身处相关的时间和地点的公正第三方能够认同的措施，为了证明这一观点，斯密引用了一个他所生活的时代的例证。英国人有一个"荒诞"认识,即英国的繁荣有赖于羊毛制品贸易,所以其把出口羊毛定为可判处死刑的重罪。但是,根据自然法的衡平原则,羊毛出口根本就不是犯罪,所以人们发现面对这种行为时,没有人愿意揭发,没有人愿意充当可能宣判他人有罪的陪审员。所以,对出口羊毛的刑罚不得不被调低到人们可以接受的程度(pp. 104-5)。

在深入探索特定的法律制度的发展历程时,斯密基本上把自己的解释限制在两大法系之中,罗马法和英国法。罗马的法律文献记录了古罗马一千年间法律制度的发展——从公元前5世纪的《十二铜表法》到公元6世纪的立法,对中世纪法律研究复兴之后罗马法的发展却只字未提。此外,非法律的拉丁文献记述了法律发展的社会背景。只有英国法具备与罗马法类似的详尽资料,可以追溯其发展历程。与其他法系相比,英国法借鉴罗马法的内容较少,正因如此,斯密认为英国法更接近自然法。与其他法系相比,英国法"更值得一个思辨者去关注,因为在反映人类的自然情感方面它更为突出"(p. 98)。凯姆斯圈子里的苏格兰法律学者的研究兴趣在于法律的统一,因而比他们同时代的英格兰学者更关注各个不同法系,对苏格兰法系本身却没有同样的研究热情。但斯密能在罗马法和英国法以及苏格兰法之间自由穿梭，游刃有余，并能够对它们各自的历史进行比较。

在分析男人作为家庭成员所拥有的权利时，他描述了罗马婚姻法的发展史。早期，妻子完全处于丈夫的掌控之中。斯密解释说，在这一时期，一个女人结婚时可以带给她丈夫的财产是很少的，不足以让她拥有与丈夫讨价还价的权利；她唯一的选择是屈从于他的权力。但是，随着社会财富的增长，女人因继承而富有不再是不寻常之事，因此一种新型、有利于这个群体的婚姻形式开始出现。在嫁妆协议中，双方同意关于丈夫可以享用妻子财产的条款，而妻子也不再处于丈夫的权力之下。这种新的婚姻形式，"虽然它完全没有旧式婚姻的那种庄严感，但法学家发现它保全了女性的尊严，使子女的地位合法化"（p.144）。它的成立基于双方的同意，也可因任何一方的意愿而解除。人们发现新的婚姻形式更为便捷，且与当时的社会风气相契合，所以就不再采用旧的婚姻形式了。斯密很乐于指出，这种新的、自由的婚姻形式本身产生了最为恶劣的后果。它毋庸置疑地倾向于腐蚀妇女的道德感。一位妻子经历"四任到五任丈夫是常有的事，而这会导致她们放松对贞操观和良好品行的追求"（p.145）。

然而，在罗马帝国覆灭之后兴起的蛮族人社会处于更原始的社会发展阶段，妻子仍然受自己丈夫的支配。

随后，由于受到基督教神职人员的影响，婚姻逐渐变得几乎不可解除。行文至此，斯密趁势对这种变化发表了一些不同寻常的评述，他认为，婚姻的不可解除性是以"爱"的名义创立的。

>这种情感在过去被视为很傻、很荒谬……在古希腊和古罗马，没有人会以此为主题创作严肃的诗歌。在古代悲剧中，有很多关于愤怒、仇恨、复仇、野心等其他情感的作品，但除了最后演变成爱情故事的《菲德拉》（*Phaedra*）之外，没有一部是关于爱的。
>
>《埃涅伊德》（*Aeneid*）描写的狄多的事迹绝不是关于爱的故事，《伊利亚特》（*Iliad*）的内容也不是。
>
>特洛伊战争的起源是海伦被强暴等一系列事件，但这是怎样一个爱情故事呢？为什么希腊城邦的首领们要联合起来把海伦带回到她的丈夫身边呢？她的丈夫从未因她的不忠行为而表现出哪怕是最微弱的愤怒，而是把怒火都集中在掳走了他的妻子和财物的帕里斯身上……
>
>与同样的情感在现代的表现相比，海伦丈夫的表现太过平淡了。其原因很明确：归根到底，这种情感本身就是很荒谬的。频繁而简易的离婚使得从

爱中获得的满足无关紧要……选择哪个人并不十分重要，因为这种结合随时都可能解除。在希腊和罗马均是如此。但是当婚姻变得不可解除之后，事情就发生巨大的变化。爱成为缔结婚姻的前提，而选择爱的对象就成为至关重要的事了。夫妻的结合是永久的，所以择偶就成了一件对双方未来的幸福有重大影响的事了。从那时开始，我们发现，爱开始成为我们的悲剧和浪漫剧的主题了（pp. 149-50）。

（斯密自己就是终生未娶。）

斯密的理论包含着强烈的常识特质。他偏好实际的理论，不喜欢那些玄妙的解释。许多制度中存在这样一条规则：丈夫可以因妻子的不忠行为而休妻，但妻子却没有相应的权利。斯密认为，这种规定并非如通常认为的那样，是为了避免一个丈夫去抚养可能不是自己的后代；"真正的原因是，正是男人们制定了与此相关的法律，他们总是倾向于尽可能多地限制女性，而更多地放纵他们自己"（p. 147）。

斯密是作为一名道德哲学家提出他的法律演化理论的。为了验证道德义务的理论，他感到有必要把自己的理论建立在经验的基础上。在每个点上，他都对照他称之为自然的一般经验来评价自己的观点。这不是建立在闭门造车而来的理性演绎基础上的先验概念。对斯密而言，自然就是那些因为存在某些人类独有的因素而通常发生了的或将会发生的事。本能或自发的行为是自然的，但是一项行为也可能因为习惯、风俗和教育而成为自然之事。对于一个社会而言，什么是自然由这个社会所到达的发展阶段所决定。

在某种程度上，斯密可能仍然认为自己的理论是建立在自然法传统之上的。因为他和休谟不同，他是一位自然神论者。他所信仰的自然神论让他把从一个阶段到另一个阶段的社会发展规划看作是全能的自然神的计划的一部分，自然神的看不见的手决定了这一设计。这个信仰促使他探索社会进步的系统性和步骤性；当他的确发现了这些方面时，这些发现又反过来强化了他对上帝的信仰。上帝制定了一个社会自然发展会经历的一般历程，但人类的行为可能会导致它不按一般的历程发展。正如坎贝尔教授（Professor T. D. Campbell）所言，

> 他的设计论……会让他同意这样一个观点，即如果人类不改变一个生活在社会中的人的自发行为，这种行为通常会产生对那个社会多数成员有益的后果。他可能因此鼓励自发行为，甚至建议人们对整体上是完善的体系的某些瑕疵进行修补，从而改良自然经济，但这么做偶尔也可能出现不尽如人

意的、不幸的后果。[1]

社会制度的成长和变迁受到很多因素的影响，但是经济因素是最具决定性的。这个过程并不是一帆风顺的，风俗、习惯和败退中的既得利益集团会努力维持既有的制度，哪怕这些制度赖以存在的基础久已不再发生作用了。

因此，斯密同时持有以下两个观点：社会与法律制度是人与自己生存的环境相互作用而产生的自然结果；在特定的时间，某些特定的制度会成为自然自由的障碍。与其说天然的自由没有制度性的障碍，毋宁说它以这些制度的运作为前提条件，而这些制度允许人类的自发行为以适合于每一个社会发展阶段的方式表现出来。在《国富论》一书中讨论银行法的部分，他说，"从某观点说，这限制诚然是侵犯天然的自由，但会危害全社会安全的少数人的天然自由，却要受而且应受一切政府的法律制裁，无论政府是最民主的政府还是最专制的政府"（p. 324）。*这样看来，天然自由意指这样一些法律和制度，即这些法律和制度的创设乃为使个人面向社会整体利益开展利己活动。数学不再是对这类法律的恰

---

[1] *Adam Smith's Science of Morals* (London, 1971), 62.

* 此处译文参见［英］亚当·斯密：《国民财富的性质和原因的研究》（上卷），郭大力、王亚南译，商务印书馆1972年版，第298页。——译者注

当的比喻,因为这是理性的自然法理论者所使用的。他认为,这类法律更像是通过渐进的社会共识而形成、人们可能对其进行修改的语法规则(*Theory of Moral Sentiments*, 175)。

约翰·米勒(John Millar)

亚当·斯密从未公开发表他的《法理学讲义》,且他本身也不是职业的法律人。他的思想被他的学生约翰·米勒所发展、宣传和普及。米勒在26岁时担任格拉斯哥大学的民法学教授,其代表作包括1771年出版的《社会等级差异研究》(*Observations concerning the Distinction of Ranks in Society*)和1787年出版的《英国政府的历史研究——从撒克逊人殖民不列颠到斯图亚特王朝的建立》(*An Historical View of the English Government, from the Settlement of the Saxons in Britain to the Accession of the House of Stewart*)。[1]

---

[1] 较为早期的版本是1779年的修订版,名为《等级差异的起源》(*The Origin of the Distinction of Ranks*),副标题为《不同社会成员的影响力和权威产生的条件研究》(*An Inquiry into the Circumstances Which Give Rise to Influence and Authority in the Different Members of Society*)。《格拉斯哥的约翰·米勒,1735–1801》(*John Millar of Glasgow, 1735–1801*, Cambridge, 1960)一书的作者莱曼(W. C. Lehmann)重印了整本的《等级差异的起源》和节选的《英国政府的历史研究》;Meek, *Social Science*, 160–76.

米勒认为自己继承了由孟德斯鸠开启而由凯姆斯和斯密接续的法律思想运动。

> 描绘法理学体系的努力……最终引发了很多思考。它提出了探究社会条件的研究思路,而社会条件在各个国家的法律中产生了多样的,甚至是完全相反的瑕疵;在所有的现实制度中,社会条件总是阻碍人们实现那些令人期待的进步。在沿着这一思路所开展的研究中,富有探索精神的法学家——尤其是孟德斯鸠院长、凯姆斯勋爵和斯密博士——注重在各民族的风俗习惯、制度和法律的基础上考察其公民社会的最初形成和后续发展,艺术与科学的产生、发展与培养,各种形式的财产的取得和扩展,以及以上这些内容和其他政治因素结合在一起所产生的影响(Lehmann,347)。[1]

米勒发现,他所谓的法律思想的"探究"(inquiry)重心已经从自然法学者所专注的应然法转移到不同社会

---

[1] 参见"伟大的孟德斯鸠指明了道路,他就是这一领域的弗朗西斯·培根,而斯密博士可称为该领域的牛顿"(in Lehmann, 363)。关于法律与经济和社会生活的关系,除援引亚当·斯密之外,米勒还引用了托马斯·史密斯的著作《英联邦》(*Commonwealth England*, 1565)。对此,参见 P. Stein, "Sir Thomas Smith, Renaissance Civilian", in *Essays in Honour of B. Beinart*, III, *Acta Juridica* (1978), 79–89; and to James Harrington's *Oceana* (*ante*, p. 31)。

的人遵守的实然法。这一研究重点的转变属于当时在苏格兰尤为流行的构建社会现实的社会思潮的一部分。这股思潮以逐个地区描述整个国家状态的二十一卷本《苏格兰统计报告》(Statistical Account of Scotland)[1]为代表。

米勒追求这样一种历史哲学,即这种哲学能够穿透那些被粗俗的历史学家所掌握的各种事件的常见的表面现象。[2] 他在《等级差异的起源》一书的"引论"中明确提出了这种历史哲学的指导原则:"为了探寻世界上现存的各个独特的法系和政府产生的原因,毫无疑问,我们必须首先诉诸各种情况之间的差异,这些差异又导致了不同国家的居民具有不同的观念和行为动机";土壤类型,气候,人口及其艺术水平,等等。这些因素的差异"一定会对一个民族的多数人产生巨大的影响;正如多样性影响了不同民族的爱好和追求那样,它一定产生了相应的习惯、性格和思维方式"。

随后,他明确提出了自己对于社会发展的观点。虽然有些社会野蛮落后,但"人类具有改善自身生存条件的意愿和能力,借此人类从一个阶段发展到另一个阶段。人类的欲望以及产生这些欲望的本能的相似性,使

---

[1] Ed. Sir John Sinclair (Edinburgh, 1791-9).
[2] Historical View (London, 1812) IV. 101.

得身处不同地方的人类在其发展的几个阶段中具有显著的一致性"。

随着人们从狩猎社会进入驯养牲畜时期,然后再发展到农耕时代,

> 他们的视野逐渐扩大,感知到越来越多的欲望,在这些欲望的支配下去追求各种便利的生活;各种各样的制造业以及与之相辅相成的商业、科学、文学和其他轻松优裕生活的自然产物开始出现并发展成熟……财产——个体差异的主要原因——产生了。人们相互之间的交往增加了,由此产生的各种各样的权利得到认可并获得保护;为了实现正义,也为了防止在一个庞大的富足社会中因利益冲突和一时冲动而产生混乱,一国的法律的数量变得多起来,组建结构更为复杂的政府成为必要……故而,在人类社会中,从愚昧到知识、从粗鲁到文明是一个自然的过程,这个过程的几个阶段一般都伴随着各自独特的法律和习俗(Lehmann,175-6)。

米勒坚称,法律的进步有赖于经济和社会的发展,并大力倡导对法律发展进程做准确的历史研究的必要性。"在各种科学之中,法律似乎最依赖于经验,纯粹的理性思辨并不重要。"罗马法的价值在于它是建立在

"对有史以来最为广袤的帝国所做的长期观察和积累的经验"（Lehmann，113）之上的。

米勒对演化理论的阐释似乎比同时代的其他思想家更充实全面。他不是彻底的决定论者。理论上，他承认"各种偶然事件确实曾对加速或延缓法律的发展发挥过作用"。他相信，人们可能会因为对某个特定时期的"一些独特行为方式是如此地习惯"，以致"在此后的每一次变革中仍然强烈地想要保留那些行为方式"（Lehmann，176-7）。但他实际上并不愿意承认偶然因素具有太大的作用。有人认为12世纪罗马法的复兴是因为查士丁尼《学说汇纂》（*Digest*）手抄本在阿马尔菲被偶然发现，米勒对这一看法持怀疑态度。"我们难以相信一个如此重大的事件源于这样一件小事。"[1]

在他同时代的人看来，米勒比其他思想家更像一个彻底的决定论者。他的学生兼崇拜者弗朗西斯·杰弗里（Francis Jeffery）认为，

> 在他对法律、道德、政府、语言、艺术、科学和礼仪的所有思考中，这是最主要的原则，即没有任何一项是产生于随意或偶然的因素；没有任何变革、制度、习俗或事件可以被归因于某个个体的性

---

[1] *Ibid.*, II. 321.

格或努力、某个民族的气质或秉性、偶然的政策或某种特异的聪明或愚蠢；相反，他坚持所有这些事物都自发地产生于社会状况，并且无可避免地受到机会条件或必要条件的影响或支配。[1]

弗雷泽·泰特勒（Fraser Tytler）、伍德豪斯里勋爵（Lord Woodhouselee）批判米勒提出的偶然事件或个体行为不具备影响力的学说，对他所坚持的"所有这些都必然以统一而自然的进程产生，既不可能有效地对其施加阻碍，也无法提前加速其发展"[2]的观点提出辩驳。

在《等级差异的起源》一书中，米勒对家庭制度的发展着墨甚多，讨论了从渔猎时代发展到商业时代的各个社会阶段中，父亲对子女的权力以及妻子的地位所发生的变化。在分析"妇女的地位和生活状况"时，他指出，在有些国家，在婚姻作为一种社会制度出现以前，母亲是一家之长，"她们享有崇高的地位和尊严，如果不是因为她们的性别，她们不可能获得如此地位和尊严"（Lehmann, 199）；他列举了几个母系社会的例证。在婚姻制度最初建立时，妻子的地位形同奴仆，但这种状况随着社会的发展不断改善。

---

[1] *Edinburgh Review*, 3 (1803), 157.
[2] Tytler, *Memoirs of Kames*, I. 280n.

但是，改善是缓慢而渐进的。同时，由于人类制度的统一性，这个过程在世界上的不同地方呈现出相似的外在形式。当农业生产提供了充足的粮食时，人们就开始把心思扩展到以前不那么重要的事情上……就这样，制造业和商业开始在一个国家出现。这些进步促成了非常重要的社会形势的变化，尤其是在与妇女相关的方面。人们在制造业和商业领域的进步自然而然地要去破除那些阻碍性爱自由的社会桎梏，有助于进一步刺激他们的情感……来自不同家庭的男女被允许更为轻松自由地交谈（Lehmann，218-19）。

这个过程随着社会财富的积累而不断发展。但是，发展存在一个限度。米勒以一个警告作为结论：

我们可能会发现，在文明而有教养的国度里，男女之间被允许自由交往的程度与尚处在野蛮无礼时期的国家是一样的。对于后者，女人之所以享有最不受约束的自由，是因为她们如何运用这种自由被认为是无关紧要的。对于前者，她们享有同样的自由，乃是基于她们身上那令人愉悦的品质以及作为社会成员所拥有的地位和尊严。但是，似乎存在某些界限，一旦越过了，就无法继续推进由财富和繁荣带来的真正进步。在原始时期，自由的两性关系不会造成严重的后果，但是在一个繁荣昌盛的国度，它会带来放荡和淫乱的社会风气，并与良好的秩序和社会公益相抵触。所以，贬低妇女的地位和尊严是纸醉金迷生活的……自然趋势（Lehmann, 225）。

米勒对具体的法律原则的演变并未给予太多关注。他向读者呈现的是法律和社会之间同时的、交互的变化。他在法律演化历史研究领域的重要角色就像是一个宣传者。正如弗朗西斯·杰弗里所说，他教导我们不应"惊讶地傻盯着人类制度中那些孤立的、奇异的表象"，而应该"把它们看作是连接文明和野蛮社会的重要链条上的必要环节"。[1]

---

[1] *Edinburgh Review*, 3 (1803), 157.

第三章

德国历史法学派

法律演化理论在德国的发展应该被视为是对当时自然法理论盛行的背景的对抗。18世纪后半期,自然法理论曾在法律思想界占据统治地位,克里斯蒂安·托马修斯(Christian Thomasius,1655–1728)和克里斯蒂安·沃尔夫(Christian Wolff,1679–1754)是两位重要的倡导者。[1]

格劳秀斯和普芬道夫两位学者分别在不同程度上认为,自然法要么是经验的,因为历史上的不同社会都把它的某些原则作为法律;要么是先验的,因为它可以依照逻辑从人类的理性和社会本性推导出来。托马修斯和沃尔夫都支持先验论的方法,而彻底抛弃了经验论。托马修斯认为,自然法是理性之法,并完全建立在基于常识(sensus communis)的演绎推理之上。他相信,每一

---

[1] F. Wieacker, *Privatrechtsgeschichte der Neuzeit*, 2nd edn (Göttingen, 1967), 314–21; for Thomasius, E. Wolf, *Grosse Rechtsdenker der Deutschen Geistesgeschichte*, 4th edn (Tübingen, 1963), 371–423.

个人都可以在自己的内心感受到理解人的道德本质所必要的东西。然而，在托马修斯看来，这种理性思索的结论并非严格意义上的法律。因为托马修斯和苏格兰思想家一样严格区分了道德和法律。法律具有强制性，并由国家强制力保障实施。由此可见，正如霍布斯所说的那样，严格意义上的法律必须是统治者的命令；因为只有由统治者的权力所支撑的命令才能强制臣民服从。如此一来，自然法对立法者而言就只是一系列的建议（*consilia*）而已。[1] 开明的统治者自然会欣然接受并采纳自然法的命令，并确保它们转化成现实的法律。但从根本上讲，导致一项命令转变成法律并非因为它源于理性，而是因为它是由统治者作出的。

与托马修斯从神学引申出法律不同，沃尔夫的法律理论以数学为基础。他研究出了一套因结构明晰且逻辑精确而引人注目的社会和政治思想体系，详细地罗列了个体的义务。他的八卷本巨著《自然法：基于科学方法的研究》（*Ius naturae methodo scientifica pertractum*）在1740年至1748年间问世。该书大大地削弱了托马修斯关于法律和道德之间的区别的论述，进而提出了一套社会中的每一个人都必须遵守的严密的道德义务体系。

---

[1] "智者以神为自然法之教导者，而非创制者"，*Fundamenta iuris naturae*（1705），I. 5. 40.

"如果没有在先的道德义务,法律将不会出现。法律扎根于道德,自道德而生"(I.1.26)。与此同时,沃尔夫赞同内含有强制权的法律是更为完善的;相反地,那些缺乏规定性的法律就不那么完美。他特别强调,统治者可以明确和重新定义自然法中"放任"性的内容。

托马修斯和沃尔夫所创立的思想学派从严格意义上的法律制度研究中分离了出来,带着典型的18世纪的乐观主义,他们的追随者认为,在绝大多数的日常生活场景中,仅仅依靠理性就可以为人类指明正确的道路。这个经过精确阐释的优雅的知识体系,吸引了那个时代的开明君主。一旦人们识别出了正当行为,就不会满足于仅仅把它们视为道德义务,而是尽力把它们转化为法律。

由于受到自然法理性体系的影响,出现了一批法典,包括1756年巴伐利亚法典,腓特烈大帝时期开始起草并最终于1794年颁布的普鲁士法典以及1811年奥地利法典。举世闻名的《普鲁士普通邦法》(*Allgemeines Landrecht*)以其包罗万象的内容而成为这类法典的典型代表。与不到2500条的1804年《拿破仑法典》(*Code Napoléon*)和1896年《德国民法典》(*Bürgerliches Gesetzbuch*)相比,它的内容多达16 000余条。它以数学式的精准,规定了什么是对、什么是错,并且包含了很多在现在看来并不适合作为法律规范的内容。而且，它还详尽地规定了一位妻子豁免于某种义务的条件，而她的丈夫则相应地享有某种婚姻权利。比如，她正处在哺乳期（II. 1. 4, paras. 178-80）。

对自然法的理性主义方式的反对，始于汉诺威王国的哥廷根大学，这种反应颇为引人注目。哥廷根大学与不列颠之间由于王国联盟的缘故而多有交往。相较于德国的其他大学，哥廷根大学对待外来思想更为开放，尤其是对拂面而来的务实的不列颠经验主义之风。

约翰·斯蒂芬·普特（Johann Stephan Pütter）是哥廷根大学的公法教授，他是这样描述当时盛行的时髦法律思想方法的：

> 年轻人认为自己懂得很多，但事实上他们一无所知……更糟糕的是，人们开始贬低和忽视语言、哲学、文物、历史、观察、经验、实在法以及所有知识的源泉。与仅仅通过沉思而提出的概念和阐释相比，使用这些事物或方法更为费时费力。这种贬低和忽视是如此之甚，以至于如果这种状态继续下去的话，德国就会倒退成一个真正的野蛮国家。[1]

---

[1] *Civilistisches Magazin*, 2.55, translated by James Reddie, *Inquiries elementary and Historical in the Science of Law* (London, 1840), 41-2.

当然，历史研究也是存在的，尤其是针对罗马的研究。但是，由于此种历史研究的复古主义倾向以及把罗马法视为已经完结的作品的观点，使得它们对恰当地理解法律制度所应发挥的作用被掩盖了。人们更加孜孜以求于证明对罗马法文本的某种解释是合理的，这对当时的现实是必要的；相比之下，历史资料就不那么重要了。

约翰·戈特弗里德·海因修斯（Johann Gottfried Heineccius）是这种思潮的最杰出的思想家代表，他的《古罗马法发微》（*Antiquitatum Romanarum Syntagma*）一书出版于1719年，并在之后的百年间再版了20次。该书被亚当·斯密多次引用，作为研究罗马法社会背景的参考书目。海因修斯拥有广博的古代知识，把大量有关各主题的不同寻常的细节组合在一起。他按照查士丁尼《法学阶梯》（*Institutes*）的体例，罗列尽可能丰富的事例，以此实现他阐释各种罗马法制度的目的。但是，这部发微之作并非致力于展现制度是如何发展的，而是一部"高雅的法理学"作品，其中的历史资料仅仅是为了满足彼时的法律需要而进行的点缀和修饰而已。

胡果（Hugo）

古斯塔夫·胡果（Gustav Hugo，1764-1844）[1]是另外一位哥廷根大学教授，他打破了这种形式的法律史研究路数，同时反对理性主义的滥用。使用历史的研究方法是该校学术氛围的组成部分，这比其他地方更为浓厚，而且该校所教授的是经验主义和实用主义史学。胡果是罗马法史的现代研究方法的创立者。他的研究方法建立在这样一种认知之上，即对查士丁尼留给我们的文本的准确理解，只能通过研究这些文本所记载的、罗马法所经历的各个时期中法律的发展而实现。现在我们认为这是理所当然的，但是在18世纪后半期，人们认为查士丁尼的《国法大全》（*Corpus Iuris*）中记载的法律是"*ratio scripta*"，即写成了文字的理性。

胡果的灵感来自英国人爱德华·吉本（Edward Gibbon），而非德国学者。

吉本的《罗马帝国衰亡史》（*Decline and Fall of the Roman Empire*）第一卷于1776年出版，与亚当·斯密出版《国富论》同年；其余各卷则在1788年付梓。吉本

---

[1] Wieacker, *Privatrechtsgeschichte*, 377-81; G. Marini, *L'opera di Gustav Hugo nella crisi del giusnaturalismo tedesco* (Milan, 1965).

曾研读亚当·斯密评述过的几位思想家的著作,并受到他们的影响,尤其是休谟和孟德斯鸠。他对苏格兰历史学派评价甚高。他在《罗马帝国衰亡史》最后一卷中写道:"在我们自己的这个时代,一束强烈的哲学之光曾从苏格兰照射出来,照亮了有关欧洲的社会进步这一有趣的问题;我这里既是以个人,也是以公众对他们的崇敬重提起休谟、罗伯逊(Robertson)和亚当·斯密几个人的名字。"[1]虽然《罗马帝国衰亡史》的大部分内容是关于法律之外的问题,但其中的一个章节却注定会对历史法学理论产生重要影响。这就是著名的第44章,研究了罗马法从公元前6世纪早期君主时代到公元6世纪查士丁尼时期的发展。

吉本所做的就是把善于推测的或哲学的历史学家的观点与像海因修斯那样的古文物学家所特有的对细节的关注结合起来。莫米利亚诺教授这样写道:

> 吉本的创新之处不是提出对罗马帝国衰亡的看法,而是他通过把渊博的知识和历史哲学家的深沉思考结合起来的方法。如此一来,他无意间调和了

---

[1] Ch. 61, n. 72; cf. Adam Smith's letter of congratulation to Gibbon, *The Correspondence of Adam Smith*, ed. E. C. Mossner and I. S. Ross (Oxford, 1977), No. 283. 此处译文参见 [英] 爱德华·吉本:《罗马帝国衰亡史》(下册),黄宜思、黄雨石译,商务印书馆1997年版,第539页脚注①。——译者注

两种历史书写方法，而这两种方法在那以前似乎是互不相容的。首先，他以一种更具有说服力的方式把历史哲学理论呈现了出来。其次，他证明了渊博的知识并非必然意味着缺乏简洁和思考……他所做的联合产生了新的事物。历史哲学不再是粗糙的和主观的，转而服从于传统的历史考证规则。[1]

第 44 章[2]就是上述评价的一个例证。很明显，作者对罗马法问题很有兴趣。"一个国家的历史，以法律这一部分最具教育功能。虽然我花费心力想要写出一部没落王国的通史，却很高兴能有机会呼吸共和国纯净清新的空气"（pp. 3-4）。*

本章的要旨是罗马法对罗马社会变迁的适应能力。吉本提出，早期法律形式具有严苛性和象征性的特点。"罗马人最早的法律体系就像哑剧表演"（p. 21）。但是，早期的形式主义被罗马法学家所克服。吉本意识到，罗马法的历史就是法学家的著作史。他们一般不在政府的司法部门担任公职，但却以错综复杂的罗马法律专家为职业，以此确保法律适应时代的变化。"罗马的

---

[1] *Studies in Historiography* (London, 1966), 51.
[2] 我所使用的是 1811 年的版本，第八卷。
* 此处译文参见 [英] 爱德华·吉本：《全译罗马帝国衰亡史》，席代岳译，浙江大学出版社 2018 年版，第 44 章。下引相关译文，均出自这一译本，不再一一出注。——译者注

哲人更进一步培育人文科学的技艺,严格说,这些人可以说是民法的创始者。"他们"伟大的工作"就是"阐明暧昧难明的含义,确定适用的范围,应用合理可行的原则,扩大与日俱增的影响,调和各方瞩目的矛盾",以达到这样一种效果,即"不管所使用的工具是多么陌生和复杂,制定人为的法律体系所要达成的目标,是要恢复自然和理性最简明的规范,使得一介平民能够凭着自己的本领,有力量推翻共和国时代所建立的制度"(p. 23)。

"这场变革从《十二铜表法》到查士丁尼当政,延续了将近1000年,可以划分为时间概等的三个阶段,各有不同的指导模式和法学家的特性以资区别"。其中最重要的是第二个阶段(现在被称为"古典时期",即公元后的前两个世纪)。

吉本认为,尽管古典法学家之间激辩和论战的证据多数已无从查考,但这一定是一个百家争鸣的时代。法学家也是人,就这一点而言,他特别强调了两个法学流派的观点,即普洛库利乌斯派(the Proculians)和萨比努斯派(the Sabinians)。"真正的制度通常基于习惯和传统,法律和语言不仅含混而且武断,在理性无法发声的情况下,对争执的热爱会被对对手的嫉妒、自大的老师以及他们那盲目追随的门徒激发"(p. 30)。

胡果把第 44 章翻译成德文。通过公开发表这部著作，他对当时流行的法律史研究中的复古主义表示反对，并宣称孟德斯鸠已经指出了法律史研究应该如何开展，而吉本延续了这一方法。[1]

胡果在他的后期著作中抨击了盛极一时的成文法和法典化运动，这场运动试图把法官的工作变成纯粹的机械化行为。1812 年，他发表了一篇论文，篇名很有启发性，叫《成文法并非法学真理之唯一源泉》[2]。在这篇论文中，他系统地批判了这些思想，指出如果没有法学家和法官的创造性活动，成文法将变得非常不完善。

萨维尼（Savigny）

胡果所开创的新领域在弗里德里希·卡尔·冯·萨维尼（Friedrich Karl von Savigny, 1779-1861）[3]手里继续发展，后者也是公认的德国历史法学派的真正奠基

---

[1] Hugo, *Beyträge zur civilistischen Bücherkenntniss*, 1 (1828), 131.

[2] "Die Gesetze sind nicht die einzige Quelle der juristischen Wahrheiten", *Civilistisches Magazin*, 4. 89-134.

[3] Wieacher, *Privatrechtsgeschichte*, 381-99; Wieacker, *Gründer und Bewahrer* (Göttingen, 1959), 107-43; Wolf, *Grosse Rechtsdenker*, 467-542; F. Engel-Janosi, "The Intellectual Background of Savigny", *Seminar* (1947), 39-59; "Memoir of F. C. von Savigny", appendix v to Savigny, *A Treatise on the Conflict of Laws*, translated by W. Guthrie, 2nd edn (Edinburgh, 1880).

者。萨维尼出身贵族家庭,在当时,一名贵族以学术工作为事业是一件不同寻常的事。他的作品总是带着拥有稳固社会地位的人的自信、权威的印记。胡果醉心于孟德斯鸠的务实方法,但是萨维尼却接受了孟德斯鸠提出的某些预测性观点,并以一种浪漫的、接近神秘主义的方式发展了这些观点。这与胡果截然不同。孟德斯鸠认为,一项规则要成为善法,它所要遵循的不是某种抽象的理性,而是它所适用于其中的社会精神;而社会精神则源于各种各样要素,气候、宗教、社会习俗,等等。在前述各项内容之外,萨维尼往社会精神集合体中添加了一项新要素,该新要素主要来自爱尔兰人埃德蒙·伯克(Edmund Burke)以及萨维尼的同胞约翰·戈特弗里德·赫尔德(Johann Gottfried Herder)。

伯克著作的特点是反对基于抽象原则的逻辑思考。他争辩说,如果不对结果进行谨慎的考虑,那么现实生活太过复杂,以致无法适用于所谓的个人自由原则。他坚决主张把道德原则适用于政治生活,但同时认为道德原则必须根据人的感受和情绪以及他们相互冲突的利益进行调整。政治家必须考虑社会秩序在全社会滋生的情绪反应。伯克重视社会秩序中那些非理性的、无形的因素,强调需要对各项政治原则作出平衡,如平衡自由或秩序,以及相反的原则,以达成共识。他的目的当然是防止法国大革命中那些理想主义者所竭力追求的激进变革。伯克很聪明,当然不是反对一切形式的变革。他所追求的是那些适合于全体国民的改革。

在分析英国政制时,伯克充分利用了有机生长这一隐喻。与他所宣称的1688年革命后的成熟时期相比,它在形成时期的成长更明显。

与英国的读者相比,欧洲大陆的读者较少关注伯克的著作对其政治活动所产生的实际影响,他们普遍认为,伯克表达了一种历史连续性观念和独特的社会愿景。后世儿孙一定不会数典忘祖。社会是

> 一切科学的合伙关系,一切艺术的合伙关系,一切道德的和一切完美性的合伙关系。由于这样一种合伙关系的目的无法在许多代人中间达到,所以国家就变成了不仅仅是活着的人之间的合伙关系,而且也是在活着的人、已经死了的人和将会出世的人们之间的一种合伙关系。每一个特定国家的每一项契约,都只是永恒社会的伟大初始契约中的一款。[1]

---

[1] "Reflection on the Revolution in France"(1790), *Works*, ed. H. Rogers(2 vols, London, 1852), 1.417. 此处译文参见〔英〕柏克:《法国革命论》,何兆武、许振洲、彭刚译,商务印书馆1998年版,第129页。——译者注

赫尔德也强调传统的重要性，但是对他而言，重要的不是政治传统，而是文化传统。他那个年代的德国由很多诸侯国构成，没有任何一个诸侯国可以提供哪怕最低程度的统一政治活动。他的核心观点是，

> 断言共同的政治认同感的真正基础不在于处于共同的主权权力之下，而在于拥有共同的文化。因为前者是由外力所强加，而后者则是内在意识的表现，每个个体都因为该内在意识的影响而认为自己是整体社会的有机组成部分。[1]

赫尔德把那些拥有这样一种共同文化的人称为"民族"(*Volk*)，其首要的识别性要素就是它的语言。对赫尔德而言，共同的语言具有卢梭所谓的"公意"(general will)的某些属性，但与后者不同，它是一种历史制度，可以对其进行经验主义式的研究。

赫尔德沿着我们已经分析过的早期作家的思路继续前进。拉菲托对于易洛魁人和古希腊人的习俗的比较，"作为蛮族人的伦理和诗艺概略"，[2]他很感兴趣。他研读了苏格兰作家的著作，如斯密和米勒，并且对米勒

---

[1] F. M. Barnard, *Herder on Social and Political Culture* (Cambridge, 1969), 7.

[2] Lafitau, *Customs*, ed. W. N. Fenton and E. L. Moore, Champlain Society (2 vols., Toronto, 1974), I. cvii.

的《等级差异的起源》一书作了详细的评述，但是他认为，米勒所采用的纯粹经验主义的方法并不完善。[1] 他愿意看到自己的国家发生政治变革，但希望这场变革是"渐进的、自然的、理性的演进"，充分考虑到民族的文化属性。他也使用了有机体的隐喻来描述民族及其成长。

萨维尼综合了胡果的法的历史发展学说、伯克的政治保守主义和赫尔德的民族概念，提出了以语言和文学为其特征的文化实体。他在1814年出版的著名小册子《论立法与法学的当代使命》(*Zum Beruf unsrer Zeit für Gesetzgebung und Rechtswissenschaft*)[2]中提出了自己学派的研究纲领。

萨维尼说，拿破仑——这位很大程度上使用《拿破仑法典》为利索而锁缚各国者，亦将其强制施行于臣服于他的统治的德意志各邦。1814年当拿破仑被推翻时，该法典在德国的一些邦仍然有效，在其他一些邦则作为"政治落魄的标志"(p. iv)被抛弃。应该用什么来取而代之呢？海德堡大学杰出的教授蒂鲍（Thibaut）提出制定一部法典，当然这不是像《拿破仑法典》那样以革命

---

[1] *Sämtliche Werke* (Berlin, 1877), v. 452 - 6, cited by Lehmann, *John Millar of Glasgow*, 156.

[2] Translated by Abraham Hayward as *On the Vocation of our Age for Legislation and Jurisprudence* (London, 1831).

的理想为基础的法典,而是基于自然法传统的法典,就像1794年的《普鲁士大典》和1811年的《奥地利法典》那样。这样一部法典将成为德国各邦统一的要素,恰逢其时,不容有失。萨维尼反对该提议,并且成功地说服还没有颁布地方性法典的各邦重拾以罗马法为基础的旧法。

萨维尼宣称要探究法律在"诸较为优秀的国族中"是如何发展的,他指出,"在人类信史展开的最为远古的时代,可以看出,法律已然秉有自身确定的特性,其为一定民族所特有,如同其语言、行为方式和基本的社会组织体制"。这些现象并非各自孤立存在,它们实际乃为一个整体,受制于"民族的共同信念以及具有内在必然性的族群意识,这种信念和意识不包括那些源于偶然和任意的观念"(p. 24)。萨维尼把自然状态下的生活排除在研究范围之外,他明确地否认历史可以告诉我们一个民族的上述特性在前政治社会中是如何起源的。

他说,一旦某个国族形成了,它所拥有的共同信念(popular faith)即外化为本民族的语言和法律。语言通过反复不间断地使用获得了不易改变的、确定的特点。最初,法律并不是以抽象规则的形式存在的;相反,它通过创设或厘清权利义务的特殊形式以及具有象征意味的法规表现出来。这些庄严的仪式性法规因为被民众熟知而获得了有利于自身的广泛偏爱,并塑造了法律的独特个性。人们把这些法规看作是自己独特的生活方式之一部分。它们"或可被视为此一阶段法律的真正内在语法"(p. 26)。

法律与民族性格之间的有机联系通过社会发展被保存下来,而且萨维尼认为社会发展是一个兼具成长和衰落的循环过程。一个国家经过出生、成熟和衰落的过程后最终消亡。法律是一个国家生命历程中不可或缺的部分;所以"法律随着民族的成长而成长,随着民族的壮大而壮大,最后,随着民族对于其民族性的丧失而消亡"(p. 27)。[1]

在第一个时期,法律直接表现为民族习俗。在共同的规则之中,不存在任何技术要素,也没有任何确定的应用它们的逻辑方法。随着文明的进步,一个独特的法学家阶层出现了,他们在涉及技术型法律——我们或可称之为学者之法——的范围代表着民族。此时法律具有两个方面的特性。一个是大众化部分,萨维尼称之为"政治的"。这些内容是普通民众可以理解的,继续作为民族共同生活的一部分而存在;而技术性内容则是掌握

---

[1] 海沃德把"Eigentümlichkeit"译作"nationality",但译作"individuality"似乎更合适; E. Bodenheimer, *Jurisprudence* (Cambridge, Mass, 1962), 72, n. 6.

在法学家手中的独特知识。在不同的社会中，这两种因素之间的界限各不相同，在共和社会中，政治因素会比在君主社会中更突出。在一个民族的衰落期，民众对法律不再感兴趣，法律成为少数专家的私有财产；甚至技术性因素也衰落了。这些论述的主旨是，在任何地方，无论法律表现为习俗还是法律科学，它"完全是由沉潜于内、默无言声而孜孜矻矻的伟力，而非法律制定者的专断意志所孕就的"（p.30）。法律的发展被视为一个自在的过程，与个体的行为和意志无关。

然后，萨维尼分析了一部成功的法典所需具备的条件，并且得出结论说，几乎没有任何一个时代能够胜任编纂这样一部法典。年轻的国族对他们自己的法律有至为清晰的理解，但因为技术要素不充分，导致他们的法典化努力"在语言和逻辑能力方面存在缺陷，而且他们通常对什么是最好的法典也茫然无知"。罗马《十二铜表法》和中世纪日耳曼法就是例证。在衰落期，一部成功的法典所需具备的任何要素都不具备，包括"相关的知识和语言"，显然，这不是法典化的合适时机。只有代表国族文化发展顶峰的中间时期才是唯一可能的时期。这一时期，在政治因素方面拥有最大范围的公众参与，在法学家群体中拥有最为出色的立法技术专家。"但是这样一个时代自身并不需要一部法典；正如我们为冬季预先储物,它只是在为更为不幸的后继时代创制一部法典。可不,没有一个时代不为子孙后代而未雨绸缪"(p. 42)。

在描绘了法律在不同社会中的发展图景之后,萨维尼必然先后将其适用于罗马法和德国法。作为罗马法向现代欧洲法转变的一种方式,查士丁尼法就是一部衰落时期的法律。我们必须研究经典时期,即伟大的法学家生活的时代,才能见识成熟时期的罗马法。在萨维尼看来,罗马法法学家之伟大在于他们共享着一套法律的主要原则。他们运用这套原则的方式具有一种只能在数学当中找到的确定性。从一系列共同的原则出发进行推理,这是他们共享的、几乎没有争议的方法,"情形似乎是,他们全体同心协力,共同创制同一部伟大作品"(p. 45)。他们所研究的资料是从共和时期流传到他们手中的。正是这种引入新制度同时又不抛弃旧制度的适应性造就了罗马的伟大——"一种对于连续性与进步性原理原则的审慎而明智的混合"(p. 48)。

罗马法的发展历程昭示,只要法律处于动态的过程中,法典即无必要,即使社会条件对此非常有利。"在公元6世纪,当其时,所有的知识和智性悉皆沉寂,往昔较好时光的流光碎影遂被收集起来,以满足时代的需要"(p. 51)。

当把他的理论运用到德国法的发展中时，萨维尼遇到了一些问题。首先，中世纪后期德国人放弃了德国法，转而接受外来的、异质的查士丁尼法作为德国普通法的主要渊源，这是为什么呢？他试图说明，接受罗马法是出于内在的需要。他说，法律并非民族的、排他的，而是宗教或文化的产物。无论如何，日耳曼部落所具有的游牧民族的特性，导致它们的习俗中没有任何关于领地的观念。德国民族在其发展过程中曾一度受到外力的影响。当封建制度在德国建立后，没有任何前一个时代特有的事物留存下来；继受罗马法之后，一切都改变了。舍此，别无选择。

接下来的问题是，如果德国是一个统一的民族，那么该如何解释各邦法律的多样性呢？这里，萨维尼诉诸有机发展模型。"每一有机体（因此，亦包括国家）之自为自得，均有赖于其整体与部分间的均衡之维持……对于整体之一腔挚爱，必源于并体现于其所投身之各种具体关系之中"（p.58）。所以，各邦所拥有的不同法律并不会成为发展的障碍：可能与民族情感和民族意识更为契合不悖，就这一点而言，它们事实上是一种优势。

在指出普鲁士和奥地利刚刚制定了自己的法典后，萨维尼话锋一转说道，如果这些法典因为一部全新的法典而遭废弃，将会带来极大的混乱。所以，蒂鲍提倡的德国新法典很可能只适用于除奥地利和普鲁士以外的尚未开展法典化的地区。如果这样的话，制定一部适用于全体德国人的法典的目标就会落空。

1814年的小册子主要是一篇论战作品。如果仔细审视萨维尼的观点的话，我们就会发现，他关于法律最初是民族生活的一部分，继而经法学家之手得以发展的观点，绝非基于一般现实中的证据而提出来的。它可能是仅仅适用于罗马法的、理想化的法律发展理论。当萨维尼假设"它是一个完全未受干扰的、民族的发展"（p.30）时，他事实上也承认了这一点。萨维尼认为，德国法没有经历吉本所描述的罗马法那样的发展历程，这就要求德国法将罗马法融入自身，以解决它在发展过程中因中断而产生的问题。

事实上，萨维尼认为罗马法是超越并区别于其他法律体系的典范，他花费了大量的精力把非罗马法（主要是德国法）的成分和纯粹罗马法区别开来。萨维尼的法律演化理论并不完善，因为它是以并不真正适用于德国历史的罗马法为基础抽象而来的，并且他所提供的例证也仅限于罗马法和德国法。尽管有这样的缺陷，他的学派仍然热情地接受了他的基本观点。一个民族的法律和它的精神之间存在着有机的、必然的联系的观点被广泛接受。

每一个人都可以在萨维尼的学说中找到自己想要的东西。[1] 各诸侯乐于看到这样的学说，因为面对民众提出的激进的立法改革要求，萨维尼的学说为他们提供了反对的辩词。民主主义者至少也得到了安抚，因为他们得到了法律是来自人民而非君主的保证。教授们也受到了鼓舞，因为萨维尼的学说强调了他们作为专家在发展法律技术方面的特殊责任；还因为萨维尼强调了法官将会遵守他们作为专家的研究成果。民族主义者也感到满意，因为萨维尼的学说强调德意志民族及其法律的独特品质。

德国的历史法学派最终分裂为罗马学派和日耳曼学派，两个学派中都弥漫着高涨的浪漫主义情绪，这不足为奇。梅特兰（Maitland）一如既往地准确指出了德国历史法学运动的主要动力，他说："传统德国法律中的每一个碎片都将被亲切而科学地恢复和编纂。只要是德国的法律，都将追溯其整个发展历程，直至源头。这场持久的奋斗背后的动力……既非好古的迂腐，也不是纯粹的、冷漠的好奇。如果其中有科学的因素，那么同样

---

[1] H. Kantorowicz, "Savigny and the Historical School of Law", *Law Quarterly Review*, 53 (1937), 336-7.

充满了热爱。"[1]

在萨维尼的追随者手里，历史法学派所表现出的神秘主义和浪漫主义气质比萨维尼所赋予它的更多。学派的口号变成了"*Volksgeist*"，即"民族精神"，这听起来像是孟德斯鸠所提出的那种精神，而事实上却大相径庭。对孟德斯鸠而言，一个民族的精神是一种混合物，它由气候、地理、宗教和社会习俗等各种独特因素构成。但对于萨维尼的追随者而言，民族精神是一种更模糊、更难以捉摸的观念。浪漫主义者随处都可以感受到它的存在。萨维尼作品的英文译者写道，当他把译作给他的朋友看时，他们都为萨维尼和柯勒律治（Coleridge）在气质上的相似性而感到震惊。后者的浪漫主义气质表现在他的文章《论教会与国家的构成》（"On the Constitution of the Church and State"）之中，在这部作品中他论述了连续性力量和进步性力量之间的张力（*Vocation*, 48）。

胡果对萨维尼1814年发表的反对蒂鲍的小册子表示欢迎，并对它强调习惯法和惯例的重要性，以及对立法至上的抨击表示赞同。他支持萨维尼拒斥当时流行的观点的做法，即"立法本身以及法学，全然秉具偶然而

---

[1] Introduction to O. Gierke, *Political Theories of the Middle Ages* (Cambridge, 1900), xvi.

变动不居之特性；极有可能，明日之法，或会全然迥异乎今日之法"（*Vocation*，23）。但是，胡果对民族精神持怀疑态度。[1] 他的经验主义偏好提醒他，民族精神在本质上是非历史的，因为它是建立在一种观念之上，而不是社会生活的事实。并且，胡果对未来的愿景与萨维尼迥然相异。他认为，世界国家（world state）和没有私有财产的经济秩序是可能的，所以他并不认可保持现状、拒绝改革的观点。

除了神秘主义气息外，萨维尼的理论具有保守主义倾向，因为它反对通过立法的方式进行法律改革。在发表《论立法与法学的当代使命》小册子 25 年后，他在《当代罗马法体系》（*System des Heutigen Römischen Rechts*）一书的"前言"中对宿命论的指责是这样为自己辩护的："对于现存的知识，如果我们无知地全盘吸收，它们就是有害的；但是如果我们可以赋予它们一种鲜活的创造性力量——通过深入的历史研究可以掌握这种力量，它们就是有益的，并且前人的全部知识财富是适用于我们这代人的。"正如弗里德曼评述的，"在那个社会发展使得运用立法的力量变得前所未有的重要的时代，这个迟来的辩解并未降低他那专注于过去而非未来的理

---

[1] Review of Savigny's *System des Heutigen Römischen Rechts*, *Göttingische Gelehrte Anzeigen*（1840），1019-20.

论的影响。"[1]

耶林（Jhering）

在德国，即使那些并非萨维尼的追随者的思想家，也难免受到他所创立的理论的影响。鲁道夫·冯·耶林（Rudolf von Jhering, 1818-1892）是 19 世纪与萨维尼并驾齐驱、共同主宰德国法律思想的学术巨擘。[2] 与萨维尼一样，耶林根据自己对罗马法发展的研究，逐渐建构起了一套法律哲学体系，并且在时代潮流的感召下，尝试确认罗马法的"精神"。他所撰写的划时代巨著的第一卷发表于 1852 年，他意味深长地将其命名为《罗马法各阶段之精神》(*Der Geist des Römischen Rechts*)[3]，

---

[1] *Legal Theory*, 5th edn (London, 1967), 212, n. 9.

[2] Wieacker, *Privatrechtsgeschichte*, 450-3; Wieacker, *Gründer und Bewahrer*, 197-212; Wolf, *Grosse Rechtsdenker*, 622-68; J. Gaudemet, "Organicisme et évolution dans la conception de l'histoire du droit chez Jhering", *Jherings Erbe*, ed. F. Wieacker and C. Wollschläger (*Abhandlungen der Akademie der Wissenschaften in Göttingen*, Phil-hist. Kl., III folge, Nr. 75) (Göttingen, 1970), 29-39; G. Marini, "La storicità del diritto e della scienza giuridica nel pensiero di Jhering", *ibid.*, 155-64.

[3] 法语译本由莫伦奈尔（O. Meulenaere）翻译，第 3 版（4 vols., Paris, 1886-8）。该书还未有英语译本面世，仅有克伦普（B. T. Crump）以"罗马法对当代世界之价值"为题发表的该书"前言"，"The Value of the Roman Law to the Modern World", *Virginia Law Journal*, 4 (1880), 453-64.

旨在描述罗马法在其发展历程中各个不同时期的独特性。

在引论中,耶林从两个方面批判了萨维尼的理论。第一,关于法律的民族精神理论,他富有逻辑地指出这是对当代德国各邦中存在的与它们的民族精神相异的罗马法的谴责。虽然有人宣称罗马法已经变成"我们的法律",但这怎么能证实呢?事实上,罗马法在德国的继受与萨维尼预设的条件并不兼容。然后,耶林驳斥了独特的民族精神理论,该理论认为必须不惜一切代价地保持民族精神免受污染。耶林反驳道,正好相反,"一个民族的繁荣离不开对外国元素持续不断地继受……正像一个人的身体和智力的有机组成一样,一个民族的独特性是无数个外界所加的影响的结果"(Introd. 1. 1; Fr. tr. I. 8)。他分析道,罗马法的强大得益于它将罗马以外的制度和思想内化的能力。在它发展的较早时期,它整合了各民族通行且被常识认可的万民法(ius gentium),用以补充仅适用于罗马市民的市民法(ius civile)。罗马法的这种乐于接受不同渊源的思想的特点,表明了一种进步的法律不是以民族性而是以普遍性为特点。

第二,耶林批评萨维尼对罗马法学家所使用的方法的强调更甚于对他们所创制的规则的强调。法学家的论说是罗马法的重要渊源,而萨维尼发现罗马法学家所使用的方法的特点具有数学精确性，通过这些方法，罗马法学家将法律原则运用到案例之中。耶林反驳道，这意味着罗马法的价值不得不仰赖查士丁尼传播罗马法的那种偶然的形式。查士丁尼罗马法就是从罗马法学家的作品中提取一部分后再进行汇编，亦即《学说汇纂》。然而，这纯粹是一个形式上的问题，并且强调法学家的方法会导致忽视其他有助于确定罗马法价值的因素。耶林说，在萨维尼看来，如果查士丁尼不是任命编纂者传播《学说汇纂》的文本而是创制了一部现代法典的话，我们可能已经无从寻找罗马法了。然而，它是罗马法的精华，并为现代法律体系所继承；罗马法的价值正是来自它所包含的规则的优良品质（Introd. 1. 2；Fr. tr. I. 19）。

耶林强调法律的根源是现实的社会生活，他拒斥将法理学与数学相比的理论：

> 让我们从这些极具诱惑力的偏见之中跳脱出来。将法理学转化为法律数学的逻辑追求是一种错误；这种错误是由对法律的误解所导致的。现实不会顾及概念，但是概念却必须考虑现实。法律的存在并非因为逻辑，而是因为生活的需要、社会关系以及正义感——逻辑上的必然性和逻辑上的不可能性都不重要。如果有人不这么想，如果有人为了辩证逻辑理论而牺牲现实的利益，那么他们就会认为罗马

人是没有理智的（II. 2. intro. 69；Fr. tr. IV. 311）。

67　　尽管耶林中肯地批判了萨维尼天马行空般的学说，但他同意法律是逐步演进的，像一个民族的语言一样，是其内在发展的产物。他谈到了法律的解剖结构和生理机能。并且，他并不否认民族精神在决定法律发展道路中的作用。像萨维尼一样，他对那些保守和进步力量能够达到精妙的平衡的民族提出了特别的赞扬。

一国的立法越是简单快捷，越是成果丰硕，它的道德力量就会越微弱。规则从构想到产生的间隔越长，诞生的过程越艰难，其结果就越可靠，越富有活力。所以法律的繁荣只会在具有坚毅品格的民族中出现。因为只有这样的民族才拥有完美的保守和进步力量的比例，以使法律能够缓慢而稳健地发展，古罗马和英格兰即是例证。不幸的是，相反的例子太多了（Introd. 2. 2. 5；Fr. tr. I. 71）。

耶林虽然赞同法律演化这一基本观点，但是他认为法律演化的过程要比萨维尼所描绘的复杂得多。法律的进步不仅仅是受固有的民族气质影响而无意识的发展过程。固有的民族气质固然有其作用，但法律的发展也有赖于法律人为解决社会生活中出现的问题所做出的有意识的努力。他说，在他的论著第三卷的写作过程中，他发现一项法定的权利事实上就是一种法律所保护的利益。这一发现引导他去探寻法律的目的。他意识到，法律具有某些特定的目标，所以它能够像适应过去的社会那样适应未来的社会。历史法学派尚未充分认识到法律为了达成某些目的而做出的有意识的努力。

但是，在有些时期，法律的目的会比其他时期更加显著。在罗马法研究中，耶林认可这样的理论，即早期罗马民间法兼具半宗教的形式主义和常识性的正义，后期的特点是职业法学家使用更为巧妙的法学方法。他得出结论，早期法律的发展或多或少具有自发性，就像语言一样；但是在之后的、也是更发达的阶段，普遍概念取代了民族的概念，法律制度像标准货币一样，从一国传入另一国。因此，在发展的社会里，随着法律的发展，其民族性会减少而普遍性会增多。罗马法自然是最具普遍性的。在其后期著作中，耶林更加远离了演化论，而把他全部的雄辩都用于阐释一种功利主义的法律理论。

> 法律不仅是历史的产物，也是手工艺、海军建设和技术的产物：因为大自然并没有为亚当的思想提供现成的水壶、舰船或蒸汽机的概念，正像她没有为他提供财产、婚姻、具有约束力的契约和国家的概念一样。这一点也适用于所有的道德规则……

全部道德秩序都是历史的产物,或者更准确地说,是有目的的努力的产物,是人类理性旨在满足需求、预防困难而进行的不懈活动和工作的产物。[1]

包含该段引文的著作被当代德国学者称为"德国的功利主义"。在耶林的后期作品中,因受到边沁(Bentham)思想的影响,他最初的历史主义偏好发生了显著改变。[2] 现在,我们必须回到边沁时代的英格兰了。

---

[1] *Der Zweck im Recht*, II (Leipzig, 1883), 112, as cited by P. Vinogradoff, *Outlines of Historical Jurisprudence* (2 vols., Oxford, 1920-2), I. 137.

[2] H. Coing, "Benthams Bedeutung für die Entwicklung der Interessenjurisprudenz und der allgemeinen Rechtslehre", *Archiv für Rechts- und Sozialphilosophie*, 54 (1968), 69-88; cf. J. H. Drake, preface to Jhering, *Law as a Means to an End* (translation of vol. I of *Der Zweck im Recht*) (Boston, 1913), xvii-xxi.

第四章

法律演化论的全盛期

英国的情况与德国差别很大，对于一个欧洲大陆学者而言，这种情况是很难以理解的。1831年，萨维尼在一封写给他的作品的英文译者亚伯拉罕·海伍德（Abraham Hayward）的信中写道："贵国在所有其他知识领域都和世界其他国家保持积极的交流，唯独在法理学方面，与其他国家之间就像被长城隔开一样。"长期以来，他一直为这种情况感到苦恼。[1]

19世纪初的德国学界主流观点认为，法的渊源主要是由统治者制定的成文法。在英格兰，主流观点则是布莱克斯通（Blackstone）在1765年《英国法释义》（Commentaries on the Laws of England）中阐释的：法的渊源主要是普通法，它们来自古代的习俗，国王的法官运用潜藏其心中的实践理性，历经数个世纪完善而成。

---

[1] *A Selection from the Correspondence of A. Hayward*, ed. H. E. Carlisle (London, 1886), 15.

在适当的时候，法律会在个案的判决中公之于众。之后，这些法律逐渐被收录到案例汇编之中，但始终没有以任何方式予以公布。所以，当边沁提出法律是立法者以成文法的形式发布的命令时（正如胡果所言，这在德国已经是很普通的观点了），他就对主流观点发动了攻势，提出了一种在英格兰属于非正统的观点。

70　　边沁（Bentham）和奥斯丁（Austin）

传统的英国法学思想以布莱克斯通为代表，他盛赞普通法具有完美的理性，并经由法官的实践行为而达到完美的程度。边沁彻底拒斥这种观点，[1] 他反驳道，普通法是法官为了一个个具体的案件而制定的假想的法律，在其被适用之前，没有人知道其内容，甚至连律师也不知道。这是狗的法律："如果你不想你的狗做某件事情，你可以在它做这件事情的时候揍它一顿……法官就是这样为你我制定法律的。"[2] 布莱克斯通是在论证法官拥有任意性权力。法律不是法官之所言，而是遵循最大程度地增进幸福和减少痛苦的功利主义原则的立法

---

[1] P. Stein, "Il sorgere del movimento analitico-positivistico in Inghilterra", *Studi Senesi*, 3rd series, 19 (1970), 319-39.

[2] *Works*, ed. J. Bowring (II vols., Edinburgh, 1834), v. 234.

者意志的体现。法律规定民众之所当为，且在行为之前其必须已经明知其行为之后果。唯有制定法才是真正的法律。

边沁认为，既然法律的变革很重要，那么为达成这一目的而训练有素（最好是自我训练）的立法者就应明确而理性地开展这一工作。在这方面，他以适度原则提倡者的形象出现，认为维持公众对法律体系的信任和信心是很重要的。一个人，

> 或因受制于自身观念，或对改革期望如此之高，故而致力于激发对一般法律体系的反抗或轻视，他在法庭上不配得到可以列举他的利益的开明公众的关注——我不是说在最好的政府之中，而是说在最坏的政府之中……法律改革须得非常谨慎而为之。借整体重建之名而毁坏一切，这是不好的：法律的结构破坏容易、修复难，其修改不应委托给鲁莽无知之人（*Works*, I. 326）。

边沁在实体法领域的影响远大于在法律理论领域，这是因为他几乎没有什么作品可以被恰当地称为法律理论。1820年代之后，立法改革以前所未有的速度发展。议会改革、选举权扩大以及随之而来的政治权力从贵族向中产阶级转移，都通过人道主义立法得以实现，诸如

工厂法、改革刑罚体系残酷性的成文法等。在每一个法律领域,改革已经蔚然成风,边沁成了改革的同义词。1828年,亨利·布罗汉姆(Henry Brougham)向议会报告:"法律改革的时代就是杰里米·边沁的时代。他是改革中那些最重要领域的先辈,这些领域在人类的改善中占据引领与主导地位。在他之前从未有人如此认真地思索、解释英国法学体系中的缺陷。"[1] 1874年,亨利·梅因爵士(Sir Henry Maine)写道:"我还不知道在边沁时代以后出现的哪一项法律改革是不受其影响的。"[2]

在拿破仑战争之后,边沁的理论直接推动了对英国法进行法典编纂的动议;[3] 他的很多理论之所以广为人知,更多的是他的忠实门徒约翰·奥斯丁的功劳,而不是他自己。1820年代,奥斯丁在伦敦大学学院担任了几年的法理学教授,后来因为学生对他的课没有兴趣,令他失去了从教的热情,最后辞去了教职。为了准备自

---

[1] Cited by A. V. Dicey, *Law and Public Opinion in England during the Nineteenth Century*, 2nd edn (London, 1914), 126-7. 此处译文参见[英]戴雪:《公共舆论的力量——19世纪英国的法律与公共舆论》,戴鹏飞译,世纪出版集团、上海人民出版社2014年版,第126页。——译者注

[2] *Lectures on the Early History of Institutions*, 7th edn (London, 1905), 397.

[3] W. Teubner, *Kodifikation und Rechtsreform in England* (Berlin, 1974), 144ff.

己的著作,他曾留学德国。在那里,他被系统而富有逻辑性的当代罗马法著作所震撼,这些著作出自早期潘德克顿学派学者(Pandectists)之手,其中最著名的当属萨维尼的论敌蒂鲍。这些著作深受18世纪自然法思想的影响,把法律表述为一个由原则和规则构成的清晰、内在自洽的实体。在奥斯丁看来,经德国潘德克顿学派学者整理过的罗马法,作为一个体系或整体,明显比英格兰法更胜一筹。从研究英国法转向研究罗马法时,你就像逃离了混乱而黑暗的帝国,来到了一个相比之下充满秩序和光明的世界。[1]

奥斯丁认为,法理学的研究领域限于实在法,亦即"政治优势者对政治劣势者制定的法"(Lecture I)。实在法的效力取决于这样一个事实,即它是一个社会中主权者个人或主权者群体的命令。对于主权者个人或主权者群体,奥斯丁将其定义为被全体民众习惯服从的那个人或群体。因为奥斯丁认为,存在于英格兰法和潘德克顿罗马法中的法的概念是普遍适用的,所以他的著作中的大部分笔墨用于分析在两个法律体系中共通的法律概念。

---

[1] *Lectures on Jurisprudence*, 5th edn by R. Campbell (London, 1885), 58; cf. A. B. Schwarz, "John Austin and the German Jurisprudence of His Time", *Politica*, 1 (1934), 178; and (in German) in Schwarz, *Rechtsgeschichte und Gegenwart* (Karlsruhe, 1960), 73ff.

边沁和奥斯丁的思想吸引了一批赞同法律改革的自由主义思想家,其中一些人成为他们热情的追随者。他们的反对者不得不寻找令人信服的对立观点。他们普遍认为,边沁主义者没有对历史因素给予充分的重视。他们本可以使用苏格兰历史学派的观点来反击边沁主义者,但由于该学派的倡导者,尤其是米勒,被视为支持法国大革命的激进主义者,所以他们的思想也受到质疑。萨维尼和他的学派则更加保守,其思想专为解决编纂法典问题而提出,并且他们以令人信服的方式强调每一个民族的独特性。

萨维尼的影响

一些边沁的反对者从德国人萨维尼的思想中汲取了营养。帕克(J. J. Park,1795-1833)在哥廷根大学获得了法学博士学位。1828 年,他发表名为《驳亨弗莱法典方案——兼及哈蒙德、尤尼亚克、特威斯三位先生的法律删减计划》(*A Contra Project to the Humphreysian Code: and to the projects of reduction by Messrs Hammond, Uniacke and Twiss*)的作品,反对某些就一部分法律编纂法典的提议。在该著作中,他强调英国法在历史发展中的独特性、独立性,而各种法律改革倡议从本质上而言有悖于法律自生自发的本性。三年后，帕克成为伦敦国王学院的法学教授，但不久后便与世长辞了。[1]

另一位哥廷根大学的毕业生、苏格兰人约翰·雷迪（John Reddie）首次以英语对德国历史法学派的观点进行了完整的介绍。1828年，他的《论制定新的英格兰民法典的权宜之计——致大不列颠大法官的一封信》(*Letter to the Lord High Chancellor of Great Britain on the Expediency of the Proposal to Form a New Civil Code for England*) 在伦敦出版，与帕克的著作同年。在该作中，约翰·雷迪论述了纯粹的萨维尼式的法律发展理论。[2] 以下引文体现了雷迪的研究方法：

> 伟大的法律之链的第一环，是由习俗以及出于本能的权宜之计对这些习俗的运用和接受所构成的。经过一定的时间，各个国家会基于其自身的独

---

[1] 库柏（C. P. Cooper, 1793-1873）是这一时期另一位熟悉德国历史法学派、反对法典化的大律师。参见他的《致大法官的一封信——兼及有关监禁疯子的法律的缺陷》(*Lettres sur la cour de la Chancellerie d'Angleterre, et sur quelques points de la jurisprudence anglaise*) (London, 1828; 2nd edn Paris, 1830) (esp. 1828 edn, pp. vii-viii, and 1830 edn, pp. 347-72) 和《简述议会中与大法官法庭的司法管理有关的一些最重要的程序的缺陷》(*Brief Account of some of the most important proceedings in Parliament, relative to the defects in the administration of justice in the Court of Chancery*) (London, 1828)，附录C。感谢伯恩斯（J. H. Burns）教授为我提供这些文献。

[2] 尽管作者直接引用的文献只有圣彼得堡立法委员会出版的《论俄罗斯帝国的法律体系》(*Exposé Systématique des Lois de l'Empire Russe*)。

特性,在人与人的交往中形成一种习惯法。一国之习惯法必与其民族精神相适应,因为它起源于民族精神……随着某些环境、习惯或偏好恰好开始普遍存在,一个民族就会无意识地、不知不觉地接受一些不同于其他民族但却是符合其自身情况的恰当、必然的本民族的法律观。习俗易,则法律移;当法律进步时,它们总是和习俗保持同步,并受到习俗的影响。那些随着时间推移而转变成正式法律的观念和习俗,来自一些自然情感。之所以称其为自然情感,是因为这些情感为整个民族所共有。这些观念和习俗伴随着民族思想而不断发展,而部分民族思想又是通过这些观念和习俗形成的。任何一个民族的法律都是独特的,并且和它的宗教、语言一样,是产生它的民族所特有的。尽管有时它们的起源可能在古老的传统中无处找寻,却是建立在最为稳定的基础之上——自发的、无意识的民族认知(pp. 5-6)。

一切法律均源于人民,

它们是为了整个社会的存续和福祉必要的、权宜的信念,剔除了所有偶然出现的想法,使人类的惯例和制度稳定且符合自然特性。

在更高级的文明时期，当一个稳定的政府——不管怎么称呼它们——建立之后，立法者、法官和法律人不过是一个国家的组成部分；他们只是负责确定彼时已经出现的各种原则和规则之间的界限和联系。正是民族精神孕育了整个法律体系，并使之生机勃勃。而经由法律人的努力，法律体系得以被阐释，形成独特的体例，并最终发展为一门科学（pp. 6-7）。

在任何一个民法学已经达致某种文明程度的国族，其制定法的严谨和严厉程度因衡平法的介入而趋缓，并且与社会的拓展和进步相适应。在罗马，衡平法由裁判官所颁布，在英格兰则是由衡平法院予以适用。立法者会根据其国族情势变化的需要，不断对民族法律的主要部分进行修正或添增。故此，法律总是处于一种连续、渐进的状态之中。当下的法律是由过去的法律演变而来。现存的此法是由彼法发展而来，因为彼法已不再具备法律的资格。一个国族的法律正如一棵美丽的大树，植根于过去几个世纪的岁月之中，在其庇荫之下，君主与臣民均获得保护与安宁（p. 8）。

在最文明和人造法最多的时代，最广义的民法有三个渊源。一是惯例；二是以修正或改变惯例为目的的制定法；三是扩展、阐释和应用前两者的法官的裁判。但是我们无法追溯其各自的、明确的起源，因为惯例、制定法和司法裁判彼此相互作用和影响；原本是原因，但在接下来的发展中甚至会成为结果。

法学的发展历程从来不是平稳的，而是如潮涨潮落般兴衰更迭。在有些地方水流的速度较快，并且较为明显地出现持续流动之势；但无论它是漫无边际地滋润着整个广袤的平原，还是局限于狭窄而平缓的河道，最终都汇入了大海。

概而言之，任何国族之法律均是其民族精神之一部分（p.9）。

萨维尼的小册子的英译本于1831年出版之后，对一般法学问题感兴趣的英国人对历史法学派的观点更为熟悉了。1842年出版的第7版《大不列颠百科全书》（*Encyclopaedia Britannica*）中"立法"类下的一篇文章，对发生在英国的立法论争产生了重要影响。这篇文章的作者威廉·恩普森（William Empson，1791-1852）先后担任《爱丁堡评论》（*Edinburgh Review*）的定期撰稿人和编辑，也是黑利伯瑞东印度学院"英格兰政体与法律课程教授"。总的来说，他是赞成法典化的，并致力于对抗排斥法典化的主张，尤其是其中关于法典化不符合历史发展的观点。

他开篇便引用了亚当·斯密的观点，并提到了不同社会之间的巨大差异。"孟德斯鸠的《论法的精神》和孔德（Comte）的《立法论》（*Treatise on Legislation*）这两部优秀的作品汇编了一些主要事实，通过这些事实，旅行者们确立了散居在地球各个角落的人类族群的多样性。"他接着写道，埃德蒙·伯克向罗伯逊的《美洲史》（*History of America*）致谢，因为该书作者对美洲印第安人生活方式的描述加深了我们对人性的理解。但是伯克补充写道："我们不再需要深入历史，去追溯它的各个历史阶段和时期。"确实，借由我们已经获得的关于不同社会的知识，我们可以通过比较的方法而不必借助历史的方法，更好地理解人性。因为"一幅磅礴的人类分布图立即展开了，没有野蛮的等级或状态，也没有我们认为的落后文明：欧洲和中国的不同礼仪；波斯和阿比尼亚的野蛮；鞑靼人和阿拉伯人的古怪习俗；北美与新西兰的野蛮"（XIII. 167）。

恩普森提出，萨维尼在其著名的《论立法与法学的当代使命》一书中所提出的观点不具有普遍意义，仅适用于拿破仑战争后的德国，以此消解历史法学派反对法典化的观点。"他对该书的命名在很大程度上已经决定了其主旨。它着眼于当下……萨维尼的著作在发表的时候,是一篇反对法国的政治檄文。普鲁士刚刚把法国人的刺刀赶出自己的土地,把法国人的法律清除出自己的法庭……萨维尼的文章是一个充满热情的法律人对祖国法律重获自由的欣喜祝贺。"的确,当德国法学取得了开展良好的立法所必需的特质后,萨维尼开始考虑德国法法典化的可能性以及随之而来的"历史法学派的安乐死"(XIII. 196-7)。

在1840年代中期,一般认为在法律思想领域存在两个相互对立的学派,即历史法学派和分析实证法学派,后者包括功利主义法典论者。一些学者把他们视为可能更紧密融合在一起的完全不同的学派。1840年,约翰·雷迪之父詹姆斯·雷迪在其著作《关于法学的基础和历史考察》(Inquiries, Elementary and Historical, in the Science of Law)中,以一个长句总结了历史法学派的功过:

> 尽管历史法学派认为,为了实现一个民族的法律的有益改变和真正改善,充分了解其所经历的历史,所经历的物质、道德、宗教、法律和司法状态是必不可少的。但该学派的主要学者也明确承认,只有把对一个民族过去和现实状态的丰富知识,与基于人类组织原则的哲学分析相结合,这些知识才能得到实际运用,该民族才能从中受益,正如在各

个族群或国家的分合之中人类的交往所展现的那样；他们也承认，每一代人对其后代的教育或指导所必然造就的法律发展进步，会因为有一个睿智而开明的政府而加速，这个政府会不断基于民族现状、理念和情感而调整已有的法律，废除不再需要或已经失去效用的规则和惯例，削减繁琐的法律程序，简化并科学安排法律体系。

另一方面，分析实证法学派的学者则高估了阐述功利主义原则的法律科学的优势。

> 他们似乎对立法者从历史经验中得来的启示不以为意。正如萨维尼和孔德所评述的那样，因为过于概括，他们过滤掉了法律所包含的真正的、个性化的或独特的属性，抛弃了它的民族特性，似乎将它视为由不可更改的抽象概念组成的东西，正像数学那样。他们不认可前文所述的历史法学派的观点，认为对于民族国家而言，必须要建立由有益的制度构成的法律体系，不管这一体系的完整性是如何具有形而上学的意义，其完整性本身就是完美的（pp. 90-1）。

把萨维尼和孔德联系起来是很耐人寻味的，因为这表明萨维尼被看作是社会演化论者。1830—1842年间，奥古斯特·孔德出版的六卷本《实证哲学教程》(*Cours de philosophie positive*)[1]在英国知识界获得大量的追随者。他提出了一个关于世界和人的完整的科学概念。他认为，在探寻科学的认知过程中，人类的观念经历了三个阶段：第一个阶段是神学，人们根据拟人化的神来理解各种现象；第二个阶段是形而上学，人们根据哲学化的抽象思维理解各种现象；第三个阶段是实证主义，此时人们可以认识科学真理。孔德将他的观念发展三阶段论视作人类心智演化的基本规律。他给出了一个十分详尽却也非常主观武断的科学观念史，以证明自己的论断。当且仅当人类的观念达到第三个阶段时，才能实现科学认知。在不同的年代，这会与不同的学科相伴而生。总的来说，人类观念的发展方向是概括性不断降低，复杂性和细致性不断提升。据此，实证主义方法的发展经历了从数学到物理、化学，再到社会学（该词由孔德所造）的过程，而社会学正是借此到达实证主义阶段的最后一门科学。

社会学是揭示管理社会生活、控制社会进步方式的法则的一门科学。因为孔德持有一种社会进步的观点，他有时好像把社会看作是由一系列确定的阶段和不能放

---

[1] 该书的英文缩略译本是由哈里特·马蒂诺（Harriet Martineau）完成的（2 vols., London, 1853）。

弃的目标所构成的必然的发展过程。他曾提到过人类必然而持续的发展历程，并将其视为一种科学。他谦逊地表示，孟德斯鸠为社会演化理论做出了重要的贡献，但是他的理论尚不成熟，因为在他那个时代还没有在社会研究领域引入实证主义的方法（*Cours*, IV. 299）。孔德并非彻底的决定论者，但他在面对仅仅是迫于形势而发生的变化时，严格限制政治权力对这些变化所发挥的影响力。总之，历史就是发展的自然法的应用过程。[1]

英国学者把实证主义方法与培根式哲学的归纳方法联系起来，认为后者是实证主义方法的原型。但是，用约翰·斯图亚特·密尔（John Stuart Mill）的话说，他们关注的是"这样一些规则，即一种社会状态根据这些规则能够产生继承和代替它的新状态。这带来了人类和社会进步的伟大而令人烦恼的问题；与每一种作为某种科学主题的社会现象的概念相关的一种观念"[2]。约翰·巴罗（John Burrow）在引用这段话时曾简短评述如下："这导致了社会体系研究被抛弃，转而强调对社会变化规律的探究。"[3] 在这样的思想氛围中，萨维尼学派可能被视为这样一个群体，即他们重点研究进步社会

---

[1] L. Levy-Bruhl, *The Philosophy of Auguste Comte*, ed. F. Harrison (London, 1903), 260.

[2] *A System of Logic* (1834), 9th edn (2 vols, London, 1875), II. 510.

[3] *Evolution and Society* (Cambridge, 1966), 108.

中影响法律变化的自然法则。

1840年代至1850年代，历史学家不满足于仅仅从事古文献研究，而是积极探索对历史作出更科学理解的方法。他们效法自然科学以打造自己的研究方法。此种类型的历史著作中最为卓越者，非乔治·格罗特（George Grote）的《希腊史》（*History of Greece*）莫属。该书的第一卷出版于1846年。书中，格罗特明确赞同孔德提出的"人类的心智在科学研究方面经历了三个连续阶段的学说"，并且认为密尔在其《逻辑体系》（*System of Logic*）一书中对孔德的学说进行了"重述和阐释"。格罗特说，对于早期的希腊哲学家而言，"当他们不再按照原始本能的指引，从个人的、想象的动因来理解自然现象由来的时候，他们没有立即采用归纳和观察的方法，而是开始滥用抽象语词，以取代多神论中超自然的神（*eidôla*）的概念，并对某些狭隘的物理理论作言过其实的运用。"格罗特指出，"从贫乏的事实中只能得出一些浅显的认识，而对人类心智最深刻的研究（如孔德）则表明，这种转变在人的智识进步中是无可避免的规律"（I. 496-7）。

1851年，约翰·康宁顿（John Conington）在《爱丁堡评论》上发表的对《希腊史》前几卷的评论文章中，特别指出了格罗特和弗朗西斯·培根（Francis Bacon）在研究方法上的相似之处，他接着写道：

> 我们把格罗特先生的名字和现代归纳哲学之父并列，不仅仅是因为他们的思想之间存在某种偶然联系。科学治史的理念在英国是如此不被理解、更加不被认可，以至于当我们冒险把这部作品描述成在我们的知识中实际上是第一次把历史作为科学的一部分进行研究时，我们似乎是在要求作者道歉，尤其当作者是英国人时更是如此。的确，格罗特先生自己并未明确表示他想要以这种方式对待自己的研究主题；但是他在实践和理论两个层面对此都予以了承认，明眼人都看得出来。总体来说，他的哲学观是实证主义的，正如法国的孔德和我国的约翰·密尔先生所代表的那样——人类最大的功绩就是他们设计出一门社会学，并给出一些条件；无论这些条件现实与否，社会学在这些条件下成为可能（XCIV. 207）。

法律教育委员会
(The Committee on Legal Education)

1846年，下议院组建了法律教育特别委员会，该委员会坦言，彼时的英格兰和爱尔兰没有名副其实的公共法学教育。"考虑到现在欧洲和美国这样比较文明国家的法学教育实践中有丰富多样的方法和一个司法系统供其使用",这种状况与"法律教育形成了鲜明的对比,无法令人满意"。该委员会特别指出,在英国的大学没有像其他国家那样设立法学教学,相应地,关于法律科学和法律哲学方面的著作也难得一见。结果,在英格兰"不存在一个像欧洲大陆国家那样的举足轻重的法学家阶层,他们视法律为科学,投身其中,这项事业中的小的现实利益不会让他们感到难堪"。该委员会建议,"核准教材中的法律史纲要和法理学原理非常有助于构建一门本科生课程。"[1] 他们的报告对德国的法学教育表现出了浓厚的兴趣,并将其视为英格兰可以效仿的榜样。

该报告立即引起了反响,有关方面针对报告所揭示的严峻形势开始采取行动。高校和律师学院都开始采取措施,提供报告所要求的具有科学性质的法学教育。中殿律师学院(Middle Temple)设立了自己的委员会,该委员会建议"为了提升法学教育,下议院所应采取的首要步骤是聘请一位法理学和民法学的准教授",随即乔

---

[1] *Report from the Select Committee on Legal Education*, 25 August 1846, House of Commons Proceedings 686, conclusions, ss. 1, 3, 6 and 11; cf P. Stein, "Legal Theory and the Reform of Legal Education in Mid-Nineteenth Century England", *L'Educazione Giuridica II: Profili Storici*, ed. A. Giuliani and N. Picarda (Perugia, 1979), 185-206.

治·隆获聘。

乔治·隆（George Long）

隆曾是剑桥大学的古典学者，托马斯·杰弗逊（Thomas Jefferson）曾聘任隆在其新开办的位于夏洛茨维尔的弗吉尼亚大学担任第一位古代语言学教授，后来隆又受聘为伦敦大学学院的拉丁语教授。他对罗马法颇有兴趣，后于1837年获得出庭律师资格。他在两篇就职演说[1]中阐释了复兴法学教育的目标。首先，系统地呈现一般法理学的原则。所谓一般法理学原则意指那些来源于人性且在所有法系中被广泛认可的原则，"一种实证的道德和法律哲学"。其次，开展民法研究。"在很多欧洲大陆国家，民法研究是法理学的基础，并且在很大范围上成为我们国家法理学研究的一部分。"中殿律师学院委员会所谓的民法，是指"现代罗马法，亦即民法中具有普适性且可适用于现代社会关系的部分"（pp. 5-6）。隆解释说，"鉴于具有普适性的罗马法比任何其他法律都更契合于一般法理学"（p. 7），故此民法研究可作为一般法理学教学之补充。

---

[1] *Two Discourses Delivered in Middle Temple Hall*（London, 1847）, reprinted in *Law Library*, 60（Philadelphia, 1848）.

乍看起来，隆关于实证法和现代罗马法的普适性的哲学论述颇有些奥斯丁的神韵。但隆明确表示他的理论材料主要来自萨维尼。在他发表那本著名的反法典化的小册子之后的30年里，萨维尼对历史法学派中那些比较容易引起争论的观点进行了缓和处理。在隆所引用的萨维尼的最晚近的著作中，他对现代罗马法进行了系统研究。[1] 在该书的前言中，萨维尼宣称，历史法学派并不否认其他科学法理学理论的有效性，所谓扎根于历史的法律文化必须在未来毫无改变地予以保留这一观点，是对其理论的误读。每一个时代都需要解释自己所处时代的法律。

隆解释说，新法学教育的目标是向学生讲授法律的全貌，而不仅仅是某些局部。并且，

> 最强有力的支持建立一个旨在阐释我们所拥有的全部法律的公共教师群体的观点，来自这样一种认知，即所有法律最终一定会发展和变化。对此，我们有两个引人注目的历史榜样——罗马法和我们自己的法律。罗马法经历了数个世纪的生长、变化和进步。只要罗马法学家的智力活动和强烈的现实

---

[1] *System des Heutigen Römischen Rechts* (Berlin, 1840), *ante*, p. 64. 该书第1卷的蹩脚英文译本由霍洛威（W. Holloway）翻译，命名为"System of Modern Roman Law"，1867年在马德拉斯出版。

感能够影响民众，那么罗马法就处于有益的现实发展过程中。随着法学家阶层的衰落以及伴随着帝国发展停滞而产生的政治失序，我们发现此后的所有努力只是借助汇编以保存辉煌成果中的很少一部分。尽管如此，单单是对保罗（Paulus）、乌尔比安（Ulpian）和帕比尼安（Papinian）的著作的支离破碎注释，即已展现出至关重要的一致性（pp. 34-5）。

相似地，英国法自诺曼征服之后也发生了伟大的变革；

> 随着社会需求更为明显地发展和新的必需品产生，进一步的变革必然不断出现……我们的法律体量庞大且内部龃龉不一，但其中却蕴含着秩序和进步因素。我们的民族历史悠长，当下我们所处的各种条件均生发自过去……我们的现在和过去并没有因生硬的区隔而分离，身处19世纪的我们经历了岁月，仍保持着青春活力（p. 36）。

> 一个重要的事实是，有些民族的民族性和政治制度中蕴含着发展和进步的因素，有些民族则没有（p. 47）。

在其第二篇演讲稿中，隆以萨维尼式的风格就罗马法的发展提出了最有见地的论述。他说，共和国晚期和

帝国早期的罗马拥有

> 丰富的素材,足以造就一个庞大的法律体系和阐释这个法律体系的理论,以适应全部生活的目的和所有文明民族的生存状态。但有素材并不必然会被利用,正如蛮族人守着琳琅满目的财富却饥肠辘辘一样。罗马人知道如何利用自己拥有的这些财富,这种能力源自与生俱来的民族精神的力量和生活于其中的自由制度(pp. 52-3)。

罗马法所具有的高度科学性的阐释应归功于法学家,但是,

> 其并非法学家所创;他们无法创造自己所解决的那些问题:罗马的法律制度产生于民众在漫长岁月中产生的各种需求,这些问题正是时间累积的产物(p. 55)。罗马法的发展主要得益于司法,直接来自立法的内容相对较少(p. 56)。罗马人具有如下优点:善于把一个适用范围狭窄、严格的法律体系进行调整、扩展,以适应社会进步的需要;尽其所能地使法律的形式和内容与社会条件的变化保持一致(p. 66)。

在这方面,隆特别指出拟制在扩展早期严苛法律的适用范围中所发挥的作用。如某人

> 虽然具备了所有的实质要件,但因缺乏必要的

形式要件而无法取得某物的所有权。在这种情况下,如有必要,裁判官告示会指导法官将该某视为所有权人;如果法官认为本案主要事实能够支撑该某的主张,他会宣布该某为准所有权人。由此而生的拟制,反映出罗马人高超的智慧(p. 59)。

此后,专门处理涉外事务的外事裁判官开启了新的时代。他引入了被称为"万民法"(*ius gentium*)的规则。"罗马人与外族人交往的增加,推动了罗马法律体系中该部分规则的发展,即在所有时代、所有国家,人们均视之为正义、正当或公平的共通性规则,被接纳为罗马法之一部分"(pp. 63-4)。

隆的理论如此明显地依赖萨维尼的学说,以至于一位《在中殿律师学院发表的演讲》的评论者觉得有必要提出警告:"隆先生必须特别留意,切勿陷入萨维尼(对其有价值的理论,隆觉得有遵从的义务)所提倡的过分抽象且日耳曼化的课程系统中而难以自拔。"[1]

---

[1] *Law Magazine*, XXXVII (N. S. VI) (1847), 238. For German influence on English legal ideas, E. Campbell, "German Influences in English Legal Education and Jurisprudence in the 19th Century", *Univ. of West. Australia Ann. Law Review*, 4 (1959); C. H. S. Fifoot, *Judge and Jurist in the Reign of Victoria* (London, 1959), passim; P. Stein, "Continental Influences on English Legal Thought, 1600-1900", *Atti del III Congresso internazionale della Società italiana per la storia del diritto* (Florence, 1977), III. 1120ff.

反复出现的罗马法研究的繁荣昌盛，与其在新法学教育中的作用有关，这一次萨维尼充当了其获得普遍认可的倡导者。阿布迪（J. T. Abdy），作为梅因在剑桥大学民法学钦定讲座教授职位的继任者，在其 1857 年出版的《适用于罗马人的民事诉讼程序史概论》（Historical Sketch of Civil Procedure among the Romans）的前言中简明地写道：

> 罗马法研究有助于形成两种研究方法，用萨维尼的话说，这对于法学家而言是不可或缺的：其一，史学方法，借由该种方法可以把握并理解每一个时代、每一种形式的法律的特性；其二，系统方法，借由该种方法，可以将每一个民族、每一种法系置于充满活力的联系和协作的整体之中看待。

麦克伦南（McLennan）

通过对比 1842 年和 1857 年出版的第 7 版和第 8 版《大不列颠百科全书》中的关于法的词条，可以完美地展现发生在 1850 年左右的关于法律起源研究特性上的变化。虽然前者包含有关于立法的单独词条，并以此作为对法律词条的补充，但其仍不过是布莱克斯通《英国法释义》引论的节略版而已。后者由约翰·弗格森·麦克伦南（J. F. McLennan）撰写，他将两个主题合而为一，并采用了全新的方式。麦克伦南1827年生于因弗内斯，是一位典型的苏格兰式学者。他毕业于阿伯丁国王学院，并于1853年获剑桥大学数学专业荣誉毕业生（但由于种种原因未取得学位）[1]，之后他在伦敦生活了两年，并于1857年在爱丁堡获得苏格兰出庭律师资格。

据说，百科全书中的法学词条是麦克伦南的一篇家庭作业，同时也是他第一篇公开发表的作品。文中，他广泛引用了孟德斯鸠、亚当·斯密（《道德情操论》）、詹姆斯·斯图亚特·密尔、约翰·斯图亚特·密尔、萨维尼（从《论立法与法学的当代使命》中摘录了大量的内容）、孔德（他和萨维尼又一次被放在一起进行研究）和格罗特的观点。该文的核心要点就是演化：

> 任何一部现行法律都无法包含所有关于法的观念；但是在文明的进程中，每一个地方的人们都在

---

[1] 在拉斐尔（P. Rivière）重排版《原始婚姻》（*Primitive Marriage*, Chicago, 1970）前言第8页中，编者认为，麦克伦南没有取得学位，是因为他对自己的荣誉学位考试成绩感到失望。但作为该校第二十五届荣誉毕业生，麦克伦南获得了一级荣誉学位，所以拉斐尔的说法是不可靠的。可能是因为麦克伦南不愿意参加当时作为取得学位必要条件的英国国教考试（该考试被剑桥大学1856年法令废止）。

不断地领悟法的观念，这是基本发展方向。法律处于并且始终处于生长、发展的状态之中。在原初社会，人们不懂得使用统一或一般的原则来调整相互之间的关系，仅有的规则是具有平等身份的人在相互交往过程中自然形成的简单正义，其他场合则一概由弱肉强食的任意性规则主宰。人们对这段历史是清楚的。（在考虑正义的发展就是反对强力的过程时）应注意，人类的行为规则来源于人与人之间的交往和冲突（XIII. 255）。

麦克伦南写道，法律发展的原因某种程度上可以在最早的社会发展阶段中探寻，但没有令人满意的资料。然而，以下几方面的材料有助于我们更好地理解法律发展的原因：优秀的学者对蛮族社会的研究成果，类似于处于早期发展阶段的社会的国际关系，对因某种目的联合而成的新团体以及个体发展趋势的观察。他反对市民社会源于个人之间的契约的观点；它"起源于家庭"，"一个由父权政府统治的国家就是家庭的直接延伸"。"法律演化"，"据说最先起于婚姻关系，然后因财产关系而发展，最后是上文所述的对施暴之人的惩罚。私力复仇的正当性以及对复仇难以遏制的冲动曾长期阻碍依法惩罚的适用"（XIII. 255-6）。

通过列举推动法律发展的渊源，麦克伦南似乎搜集了为数不少、各种各样的文献。首先是衡平，一种自然法思想。它源自"是非观……这种观念来自并反映客观现实与便利"。其次是判决，此处麦克伦南主要使用了格罗特对于希腊早期法律术语的解释，即"地美士第"（themistes）是宙斯对纠纷的解决方案（因与忒弥斯女神相关而得名），此处的宙斯并非立法者，而是法官。这些渊源产生了法律；此时立法与道德尚未得以区分。基于多数民众的认可而产生的惯例，乃真正的法律在原始状态中发展的最高形式。最后是立法，此时的法律因"来自主权者的意志并由强制力保证实施"而区别于其他的法律渊源，与此相反，其他渊源产生的法律的"成长则是缓慢而有机的"（XIII. 256-7）。那种认为一旦进入立法阶段，法律的制定完全取决于主权者意志的观点是错误的，因为主权者仍然受制于公众舆论。

到了这个阶段，推动法律发展的原始动力似乎不再发生作用了。但事实上，它们的作用只是从直接变为间接了，因为主权者只有经过族群中所有个体意志的同意才能获得权力……这时，通过立法活动产生的法律变化并非任意的，因为从长远来看，产生上述变化的原因与推动习惯法发展的原因是相同的，不过此时其影响是间接的（XIII. 260）。

以法律渊源为研究重心，似乎包含了 19 世纪最有影响力的一种法学理论的萌芽。在分析解决纠纷的协约时，麦克伦南说："通过契约管理社会关系的要求往往与解决纠纷的必要性成正比；纠纷越多，通过契约管理社会关系的要求越高。借由这一原则，法律发展的顺序才得以解释"（XIII. 257-8）。

当我们将诸如婚姻、财产、刑罚等演化的次序与上述晦涩的论述放在一起进行分析时，可以非常明确地得出，法律的发展就是一个从家庭关系到个人契约的过程。

麦克伦南是通过阅读他人作品获得上述观点以及其他梅因后来在《古代法》（*Ancient Law*）一书中表达的思想的吗？1853 年，他离开剑桥后，曾客居伦敦，在此期间他可能参加过律师学院的讲座。正是这段时间，梅因在中殿律师学院授课。巴罗暗示说，麦克伦南可能听过梅因的讲座，我们知道这些讲座包含了大量梅因作品中的内容。[1] 另一方面，据说麦克伦南在伦敦时从事新闻业，后来当他立志学习法律后便返回了爱丁堡，这里的法学教育水平比英格兰更胜一筹。1846 年委员会报告中承认了英格兰与爱丁堡之间在法学教育水平方面的

---

[1] *Evolution*, 230.

差异。在两人的晚年，麦克伦南坚定捍卫母权理论，反对梅因所主张的、麦克伦南自己也曾在《大不列颠百科全书》的法学词条中采纳过的父权思想，两人之间存在一些敌意，但从没有人认为麦克伦南取代了梅因的理论。更可能的情况是，麦克伦南 1857 年所写的词条中的思想，受到了当时伦敦由格罗特、刘易斯（G. H. Lewes）和约翰·密尔所组成的小圈子推崇的启蒙思想的影响，反映了麦克伦南对这些启蒙思想家和爱丁堡的法律思想家所做的解读。该词条明确反映出苏格兰启蒙运动中的理论史学（conjectural history），并且足以说明约翰·密尔的思想很可能与理论史学之间存在某种联系。

1861 年，19 世纪英国法理学领域最具影响力的两部著作同年问世。一部是约翰·奥斯丁的遗作《法理学的范围》（Province of Jurisprudence Determined）第 2 版，该书在奥斯丁于 1859 年去世后由其遗孀代为出版；另一部就是亨利·梅因的《古代法》。

作为仅有的能够满足全新的英国法学教育对科学教材的需求，并提供了一种研究方法的著作，《法理学的范围》一经问世就受到广泛的欢迎。1883 年，爱德文·查尔斯·克拉克（E. C. Clark）写道："奥斯丁的一生充满了失意和失败，很少品尝到他应得的成功的感觉，但他的遗作所获得的成功甚至超出了他的想象。毫无疑问，围绕着这部作品正在形成一个英国法学派……在我们所有的法律教育体系中，它都是法学理论的重要组成部分。"[1] 但此时，我们的注意力必须转向1861年出版的另一部著作，亦即梅因的著作。

梅因（Maine）

梅因的作品也是在讲座讲稿的基础上形成的。梅因是一个古典主义者，也是"使徒社"（剑桥大学的一个传统社团，其成员"通晓一切，探索一切并阐释一切"）[2]的成员之一，并因此而广为人知。1847年，梅因受聘成为剑桥大学民法学钦定讲座教授，时年25岁。他担任该职7年后，转任中殿律师学院准教授。在梅因之前，该教职由乔治·隆担任。梅因在中殿律师学院讲授罗马法，他对罗马法拥有无限的热情。他在自己的第一篇论文[3]中写道："我们不得不承认，对于罗马法

---

[1] *Practical Jurisprudence: A Comment on Austin* (Cambridge, 1883), 4-5.
[2] *Remains of R. H. Froude* (London, 1838), I. 310.
[3] "Roman Law and Legal Education", *Cambridge Essays* (London, 1856), 1-29; reprinted in *Village Communities in East and West*, 7th edn (London, 1895), 330-83.

学,即使是最不谨慎的赞美者也可以毫无顾忌地发表自己的赞美之词,传统的赞美之词甚至配不上罗马法无可否认的优秀"(p.29)。

他主张,我们应研究罗马法,因为世界正变得越来越小,最终最发达的法律体系的法律学习方法将会与那些以民法为主的法系的学习方法接近。从技术的角度而言,他们比我们更先进,这一点我们必须承认。

> 之所以把我们的法律和罗马法放在一起进行研究,并不是因为我们自己的法学和罗马法学曾具有类似之处,而是因为它们将会变得具有相通之处。这是因为不同的法律体系无论在其发展初期表现得多么迥然相异,但在进入成熟期后会彼此类似;这是因为在罗马法律专家根据数百年经验积累和孜孜不倦探索所获得的法学知识中,我们正在学习那些同类法律思想和内容相同的法律原则,尽管这个过程是缓慢的,甚至可能是无意识的或不情愿的(p.2)。

"无论在其发展初期表现得多么迥然相异",当写下这句话时,梅因正在准备一部讲稿,这部讲稿后来整理成了《古代法》,并附有一个醒目的副标题——与早期社会史的关联以及与当代思想之间的关系(its connection with the early history of society and its relation to modern ideas)。[1] 这是一次阐释法律观念历史发展历程的尝试，在梅因生活的时代，法已经成为社会制度之一部分了，包含诸如所有权、遗嘱、合同、犯罪与刑罚等内容。梅因在前言中解释说，"早期罗马法中包含着上古法律的遗迹，现代社会中仍然适用的主要民事制度则来自后期的罗马法。如果没有一个像罗马法这样的法律体系，本书所从事的研究就无法开展。""正因为以罗马法为典型代表无可避免"，他在书中所举的多数例证才从罗马法中选择。虽然梅因明确表示他无意撰写一篇关于罗马法学的论文，但正如所有的英国罗马法教师那样，梅因肯定感到有必要强调他们教授的科目的重要性，并向学生解释学习罗马法与理解英国法律制度之间的关联性。

梅因坚决反对纯粹抽象的理论和先验的假设，比如自然状态和自然法。在他看来，这对有关世界最古年代人类情况的推测毫无用处，因为它们受到两种假设的影响，即"首先假定人类并不具有他们现在被围绕着的大部分的情况，其次假定在这样想象的条件下他们会拥有刺激他们现在活动的同样情绪和偏见，虽然在事实上，

---

[1] 下文《古代法》页码索引均来自1972年大众文库重印版。

这些情绪很可能正是由这个假定认为他们应该被剥夺的情况所创设和产生的"（ch. VIII, pp. 149-50）。相反，他认为自己的作品是科学、实证和归纳的。

1860年代中期，梅因在加尔各答大学所作的一场演讲中对其"本土听众"说道：

> 现在可以肯定，历史的真理，如果真存在，不可能和其他领域的真理有任何区别。事实上，长期以来，人们已经感受到了这一点。在所有领域均是真理的东西，一定是科学的真理。历史学家的真理不可能和天文学家、生物学家的真理有本质区别。作为现实世界所有知识的基础，本性相通的原则一定也适用于人性以及由人性所构建的人类社会。当然这并不意味着除了外部世界的真理外再无其他真理，但是无论哪种真理都必须遵循相同的条件。所以，如果历史具有真理性，它就必须教授其他科学学科所教授的内容——因果关系、不变的秩序和永恒的规律（*Village Communities in the East and West*, 1859 edn, 265-6）。

为梅因提供模型的科学学科是地理学。[1] 在《古代法》第一章中谈及法律概念的早期形式时，他说它们"对于法学家，像原始地壳对于地质学家一样的可贵。这些观念中，可能含有法律在后来表现其自己的一切形式"（ch. 1, p. 2）。此处，梅因似乎是在引用查尔斯·莱伊尔爵士（Sir Charles Lyell）于1830年出版的《地质学原理》（*Principle of Geology*）中所阐释的均变论学说。莱伊尔论辩说，地表变迁并非如人们普遍认为的那样是周期性发生的，而是由无法预测的突发灾难引起的。地表变迁是常规外力持续作用的结果，这是一种缓慢、细微的变化。

有关地表结构的这种构想，为普通法的传统观念提供了一种很有吸引力的类比。一种观点认为，普通法来自古老的传统，永恒不变且暂时不可分割；相反观点认为，它通过无数的单个判决缓慢地、细微地进行调整，

---

[1]《古代法》并未受到达尔文《物种起源》（*Origin of Species*, 1859）的影响，尽管有人这么认为，如 E. Patterson, *Jurisprudence: Men and Ideas of the Law*（Brooklyn, 1953），415, and P. Stein and J. shand, *Legal Values in Western Society*（Edinburgh, 1974），15（*mea culpa*）。乔治·斐维尔（G. Feaver）在其1969年出版的《从身份到契约》（*From Status to Contract*）第41~42页指出，《古代法》初稿写作于1855—1860年间，1860年7月定稿并于次年1月出版。第9章分析道德对犯罪的影响时，梅因说道："在我写作本章时，在最新通过的英国刑法的一章中，试图对犯有欺诈行为的受托者课以刑罚。"这是指1857年8月生效的第54号法案（疑为"第3号法案"之误——译者注）。

以适应新的社会条件。

早期社会的法律可能含有法律在后来的表现形式。正如梅因在加尔各答大学演讲中所说的那样："从科学角度而言，古代史比现代史具有更大的优势，因为古代史极其简单——因为年轻所以简单。人类的行为、行为的动机和社会运行都远比现代社会简单，因而也更适合于作为初次概括的材料"（*Village Communities*, 269）。

在某种程度上，梅因坚持在法律观念问题上做一个科学历史学家，这符合当时的潮流。他以孔德和格罗特的实证主义方法探究科学真理，以萨维尼倡导的方法研究法律制度史，后者对他产生的影响是显而易见的。[1]正如萨维尼反对法律是由自然法指导下的立法者制定的成文法构成的这种观点一样，梅因也拒斥法律是主权者受功利主义原则驱动而发布的命令这样的观点。因为"如果我们对于古代思想史研究得越深入，我们就会发现我们自己同边沁所主张的所谓法律是几个要素的混合

---

[1] 弗雷德里希·波洛克爵士在《梅因古代法导论与注释》（*Introduction and Notes to Sir Henry Maine's Ancient Law*, London, 1908）第 2 版第 x 页中写道："萨维尼在世时是罗马法研究领域最伟大的权威人士。"卡尔顿·坎普·艾伦（C. K. Allen）在 1954 年牛津大学出版社出版的世界经典版《古代法》"导言"第 xiii 页中指出，梅因曾受耶林的影响。他们著作具有相同之处，但《古代法》一书并未明显受到《罗马法各阶段之精神》的影响，另外（关于梅因的影响）耶林曾对波洛克说，他的英语阅读能力有限（Pollock, *ibid.*）; cf. Burrow, *Evolution and Society*, 142.

物的这种概念，距离越来越远"（ch. I, pp. 4-5）。*

关于法律变迁的过程，边沁又一次模糊地提出他的答案，

> 社会因其对一般权益措施的见解有所变更而变更着，并且不断地调整法律。很难说这个命题是错误的，但它肯定是没有效果的。因为，所谓对一个社会或毋宁说是对社会的统治阶级是权宜的东西，实际上必然地就是这个社会在做出变更时心目中所想要达到的目的，不论这个目的是什么。所谓权宜和最大幸福，实则就是推动变更的冲动，不过名词不同而已；当我们把权宜作为是变更法律或意见的准则时，我们从这个命题中所能得到的，只是用一个特别名词来代替我们说一次变更发生了时必然地要想到的另一个名词而已（ch. V, p. 70）。

为了驳斥边沁的理论，梅因和萨维尼一样转向了历史。前文提到，早期的法学论者把萨维尼和孔德视为同一学派，因为他们的理论包含了非常类似的考察法律发展历史的内容。对此，我们必须谨慎措辞。孔德称其科

---

* 此处译文参见［英］梅因：《古代法》，沈景一译，商务印书馆2009年版，第5页。下引《古代法》译文，均出自这一译本（有删改），不再一一出注。——译者注

学哲学为"实证的",他的追随者们也自称实证主义者。然而对于法学而言,实证主义者的含义包含有更多的技术因素。换言之,像边沁那样的实证主义者,认为法律是实证的、由有权力的立法者所制定的。在这一点上,孔德的实证主义与法学的实证主义正好相反。

梅因确信自己的研究比萨维尼多一点科学,少一点浪漫,但他们都专注于"进步"(梅因)或"卓然不群"(萨维尼)的国家,罗马便是这类国家的典范;他们都认为,罗马的法律方法对于理解法律变化机制具有重要作用,而且在强调民族传统的延续性上他们也是一致的。梅因批判孟德斯鸠

> 似乎把人类的本性看作是完全可塑性的,它只是在被动地重复着它从外界所接受的印象,也绝对地听命着它从外界所接受的刺激。而他的制度之所以不能成为一个制度,无疑的,错误的原因就在这里。他过低地估计了人类本性的稳定性。他很少或完全不重视种族的遗传性质,即每一代从给前辈接受下来再一代代传下去很少加以改变的性质(ch. V, pp. 68-9)。

梅因写作《古代法》的时候,人们开始关注社会制度与古代事件之间的不同。巴特霍尔德·格奥尔格·尼

布尔（B. G. Niebuhr）所著的伟大的《罗马史》（*Römische Geschichte*）的英译本是与格罗特《希腊史》齐名的罗马史著作。《罗马史》问世较早，德文原版出版于1811年。它曾受到格罗特的批判，格罗特认为其内容过于臆测。但是尼布尔区分了不同种类的原始资料，仅在分析一个独特的社会发展阶段的状况时使用了传说证据。他比较了结构类似却分属不同历史时期、位于不同地方的各种社会。他赞赏萨维尼，[1] 两人都具有的浪漫主义风格体现在他关于早期罗马社会与他生长的北弗里斯兰省的对比分析之中。

在分析部落或氏族（houses）时，尼布尔评述说："如果有论者敢于提出国家起源于一些不存在公民社会的、在先的事物，他必须向前追溯到这样一个时代，即同祖同源的家庭以父系方式聚居并发展成为小的社群。"坚持这一错误观念的是吕克昂学派的哲学家。"他们的错误在于混淆了通过立法活动实施的法律制度体系与自生自发的法律以及作为法律制度原型的法律材料。因为从来就没有一个可以作为例证的氏族是从家庭发展而来的，也从来没有这样的家族作为要素而形成一个

---

[1] 第2版"前言"，落款1826年12月。

国家。"[1]

这种"半推测"的研究方法引起了梅因的共鸣。

> 不论我们观察希腊各邦，或罗马，或提供尼布尔以许多有价值例证的在笛脱麻希的条顿贵族政治，或凯尔特部族组织，或斯拉夫俄罗斯人和波兰人的那些只在后来才引人注意的奇怪的社会组织，在每个地方，我们都能在他们的历史中发现有把外国出生的人接纳或同化于原来的同族人中的事（ch. V, p. 76）。

类似这些内容表明，尽管梅因极力宣称其研究方法的科学性，但与格罗特的方法相比，他事实上更接近于尼布尔的印象主义。梅因对罗马法及罗马法史有准确的理解，在非罗马法制度方面着墨甚少；在涉及罗马法制度的时候他似乎并未超出尼布尔对相关制度的论述。

以上引文也表露了梅因《古代法》的另一个特点，亦即它仅局限于印欧语系民族或称雅利安人。梅因宣称自己的研究方法不仅是历史的，而且是比较的，但是他的比较范围有局限性。梅因将研究重心放在雅利安民族的做法，似乎是受到当时比较哲学研究旨趣的影响。休

---

[1] *History of Rome*, translated by J. C. Hare and C. Thirlwall, 2nd edn, vol. I (Cambridge, 1831), 304–5.

谟认可法律发展和语言成长之间存在密切关联，萨维尼也强调了这一点。在英格兰，倡导语言演化理论的杰出学者马科斯·缪勒（Max Müller）1851年在《爱丁堡评论》上发表了一篇对弗兰兹·博普（Franz Bopp）《比较语法学》（*Comparative Grammar*）英译本的评述，文中解释了比较哲学对语言演化理论的影响。

他宣称，哲学的首要任务是收集大量不同语言作为研究材料，然后

> 使用各国的文学遗迹作为手段，以达到理解语言的本质和规则的目的。语言自身成为研究的对象……如果我们观察这些语言在几百年的历程中所发生的重要变化，语言和人类一样有其自己的历史……因此，很明显，不能通过抽象的方法，或仅仅在千百种语言中选择一种如我们自己的语言来探求语言的本质，只有借助历史方法才能得出令人满意的结论（XCIV.299-300）。

"根据词源和语法结构的特殊性"（p.305），语言分为不同的语族。迄今为止，唯一被认真研究过的语族是组成"印欧或雅利安语系的语言"（p.310）。"随着梵文出现在地平线之上，雅利安语族各语种之间存在关联这一明确事实立即变得一清二楚了"，但是确立联系

只是"研究语言发展秘密"（p. 317）的第一步。进而，这使得我们能够"在更为有力的基础上重建整个雅利安语族的最古老的历史"（p. 328）。

梅因效仿比较哲学的做法，忽略了诸如美洲印第安人等蛮族的法律习俗。他的工作几乎仅仅依赖于成文材料，分析的材料主要集中于罗马法，关乎英国法的内容较少，偶尔涉及一些希腊和印度方面的文献。虽然梅因对于印度法的详尽研究是他在《古代法》出版后供职于印度的产物，但该书的内容表明他在写作时已经对印度《摩奴法典》（Hindu Code of Manu，梅因称其为"Menu"）很熟悉了。想要了解《摩奴法典》中的思想并不难，因为威廉·琼斯爵士（Sir William Jones）已经在1796年出版了这部法典的英译本，名为《印度法律制度》（或称《摩奴圣令》）（The Institutes of Hindu Law or the Ordinances of Menu）。1825年，一部包含梵文和英文两个版本的《印度法律制度》出版了，琼斯爵士为该书作序。缅甸语版于1847年出版，书中附有英译。

1840年大不列颠档案委员会（Record Commission）出版了一部附有翻译、制作精良的盎格鲁-撒克逊法汇编，次年该委员会又出版了附有翻译的威尔士古代法。但令人意外的是，虽然梅因专注于印欧语系国家的法律资料，却并未直接引用上述两部汇编。他的材料主要来自约翰·米歇尔·肯布尔（J. M. Kemble）1849 年在伦敦出版的两卷本《英格兰的撒克逊人》（*The Saxons in England*）。

梅因以最早的文字记载的法律作为《古代法》的开篇，他称这些法律为古代法典，并举出罗马《十二铜表法》、希腊《梭伦法典》和印度《摩奴法典》作为其例证。他辩称，与其说这些是现代意义的立法，倒不如说是关于通用习俗的权威记载。它们的颁布，是在各自的社会第一次向公众宣布"什么应该做，什么不应该做"（ch. I, p. 9）。

法律的最早阶段出现在法典，甚至惯例出现之前。（男性）族长或国王作出的专断决定管理人们的生活。这些决定就是荷马诗篇中提及的、号称受神灵启发而作出的"地美士第"。"地美士第"并非法律，而是判决。"我们并不能假设在各个'地美士第'之间，有着任何一条原则贯串着；它们是个别的、单独的判决"（ch. I, p. 3）。

接下来，随着罗马从君主制向共和制过渡，受神灵启发的国王逐渐失去神圣的权力，而被一个小型的贵族集团所取代。他们宣称自己是解决纠纷的传统习俗的"知识库"，此即"习惯法的时代"。起初，惯例为特权阶层所秘藏，而特权阶层又是通过超人类存在的口授获知惯例内容。"贵族们似乎曾经滥用其对于法律知识的独占；并且无论如何，他们对于法律的独占有力地阻碍了当时在西方世界开始逐渐普遍的那些平民运动获得的成功"（ch. I, p. 9）。

接下来是古代法典时期，通常人们认为法典的出现，是因为民众动乱，随着文字书写的出现而成为可能。法典将习俗从贵族保管的桎梏中解放出来，并通过确定的文字固定其内容，从而终结了法律自发成长的时代。此后法律的发展，皆源于有意识的努力，此种努力乃为满足社会条件的变化而对法典内容所作的适应性调整。

此处，梅因提出了静态社会和进步社会的区别。在世界上后者是例外，毕竟人天生都是保守的。"几乎绝大部分的人类，在其民事制度因被纳入某种永久记录中而第一次使其具有外表上的完善性时，就绝少有表示要再加以改进的愿望"（ch. I, p. 14）。印度是静态社会的典型，在《摩奴法典》颁布后其法律发展即陷入停滞。梅因所关心是只是进步社会，毕竟"这类社会显然是极端少数的"（ch. I, p. 13）。显而易见，罗马和英国是进步社会的典型代表。在这些社会中，记录在古代法典（梅因并未说明在英格兰存在着他认为等同于古代法典的文献）中的古老律令，被三种依次出现的法律改革手段所改变：首先是拟制（fictions），其次是衡平（equity），最后是立法（legislation）。

在上述三种手段中，拟制出现得最早，而且在法律正在发生变化这一事实无法被公开承认的时代里，它使得法律改革成为可能。它是为了满足如下目的的一种假定，即貌似而实不然。所以，它掩盖或目的在于掩盖一条法律规定已经被改变的事实。这条法律规定的文字没有变化，但它的适用范围有所扩大。某人并非另一人之子，却因某种法律目的通过收养将其视为后者之子，即为拟制。教皇对罗马《十二铜表法》的解释中包含有拟制；中世纪时，英国的法庭为了扩大其管辖权，佯装之前他们从未处理过的案件确实在他们的管辖之内，这也是拟制。

衡平需要求助于"一系列法律原则，这些原则由于其固有的优越性而有代替旧有法律的权利"（ch. III, p. 26）。这些原则被假定具有普遍有效性，与出现在先的纯粹民法同时存在，并逐渐取代了后者。衡平一般由法官实施。罗马的裁判官和英格兰的大法官都提供了将衡平引入他们各自司法系统的方法。

最后一种法律改善方法是立法，即公开地制定法律。立法与上述两种方法不同，它的权威性和强制力来自一个外界的团体或人，而与其原则无关。梅因趁机挖苦边沁说:"这些差别特别重要,因为一个边沁的学生很容易把'拟制''衡平'和'制定法'混淆起来,把它们统统归属于立法这一个项目之下。他会说,它们都包括制定法律"(ch. II, p. 18)。

梅因认为,要想充分地分析英国衡平法,需要一个单独章节。故而,他首先对罗马衡平法进行了详细论述,指出裁判官引入罗马法中的道德原则源自希腊的自然和自然法观念,它们通过"法学家与斯多葛派哲学家的联盟"(ch. III, p. 32)得以罗马化。他总结出英国衡平法与罗马衡平法的两个共同点。一个共同点是随着时间的推移,衡平法会变得像它曾加以缓和的法律那样严苛。"这样一个时期是必然会到来的,就是原来采用的道德原则已经发挥出了所有的合法的结果,于是建筑在这些道德原则上面的制度,就会像最严峻的法律法典那样的生硬、那样的没有伸缩、那样的不得不落后于道德的进步"(ch. III, p. 40)。在罗马,这样一个时期正是亚历山大·塞弗拉斯(Alexander Severus)在位的时期;在英国,则是解释并协调衡平法而非扩大其适用的大法官厄尔顿爵士(Lord Eldon)在职的时期。梅因强调了这个过程所具有的无可避免的特点:"如果法律史的哲学会在英国被更好地理解,则厄尔顿爵士的贡献,将不会像同时代法学家对待它那样,一方面加以夸张而另一方面则不予重视"（ibid.）。

英国衡平法和罗马衡平法的另一个共同点是"原来用以辩护衡平主张比法律规定优越的这个假定，是虚伪的"（ch. III, p. 41）。衡平法被解释为古代法律的重现，而非具有道德优势的规则。在罗马，衡平法被解释为市民社会出现前自然状态下的规则，借此论证其相较于法律规定的优越性；在英格兰，人们认为衡平法来自国王监督司法机关的理念，因此来自国王的良心。

在带有某种程度偏见的"自然法的现代史"的论述后，梅因来到了核心的第五章"原始社会与古代法"。他指出，早期社会并非起源于个体，而是起源于氏族，书中记述了一系列这一命题的确实例证。梅因对遗嘱继承的早期史、财产的早期史、契约的早期史、侵权和犯罪的早期史的解释，都是基于他提出的原始家族理论。

在早期社会中，成员间的关系由身份调整，"在这种社会状态中，'人'的一切关系都是被概括在'家族'关系中的"（ch. V, p. 99）。原始家族或亲属群体由男性尊亲属统治；这部分是纯粹的罗马法。所有成员均隶属于家父权（the power of the *paterfamilias*）之下。"实际上，在原始的见解中，所谓'亲属关系'正是以家父权为其范围的。'家父权'开始时，'亲属关系'也开始"（ch. V, p. 88）。外人通过收养被吸纳为家族成

员,我们必须

> 把收养的拟制认为是和真正的血缘关系非常密切的近似,因此不论在法律上或在人们的意见中,对于真的血缘关系和收养关系之间,都没有丝毫差别……由于共同血统而在理论上混合于一个家族中的人们,他们在实际上结合在一起,乃是由于它们共同服从其最高在世的尊亲属,如父亲、祖父或曾祖父。一个首领具有宗法权,是家族集团观念中的一个必要的要素,正和家族集团是由他所产生的事实(或假定事实)同样的必要(ch. V, pp. 78-9)。

女性所生子女因处于另一个男性家长权之下而"不在古亲属关系之内"(ch. V, p. 88)。

此时,梅因竭尽全力想要概括罗马法独特的发展历史。

> 通过罗马法的纪年史,我们可以看到有关一个古代制度逐渐被摧毁以及把各种材料再度结合起来而形成各种新制度的几乎全部的历史,这些新的制度,有的被保持原状一直传到了现代世界,也有的由于在黑暗时期和蛮族相接触而被消灭或腐蚀,最后才又为人类所恢复……

> 所有进步社会的运动在有一点上是一致的。在

运动发展的过程中，其特点是家族依附的逐步消灭以及代之而起的个人义务的增长。"个人"不断地代替的"家族"，成为民事法律所考虑的单位。前进是以不同的速度完成的……但是不论前进的速度如何，变化是绝少受到反击或者倒退的，只有在吸收了完全从外国来的古代观念和习惯时，才偶尔发生显然停滞不前的现象……用以逐步代替源自"家族"各种权利义务上那种相互关系形式的，究竟是个人与个人之间的什么关系……就是"契约"……我们似乎是在不断地向着一种新的社会秩序状态移动，在这种新的社会秩序中，所有这些关系都是因"个人"的自由合意而产生的。

接着，他描述了奴隶身份、保佐下妇女身份、父权下之子的身份都是如何消失的。

随着梅因抛出他那句最著名的结论，全书的论证也达到了顶点。如果我们"把'身份'这个名词用来仅仅表示这一些人格状态，并避免把这个名词适用于作为合意的直接或间接结果的那种状态，则我们可以说，所有进步社会的运动，到此处为止，是一个'从身份到契约'的运动"（ch. V, pp. 98-100）。

这段文字的笔力和文风可以部分地解释为什么《古代法》一经出版就引起了如此巨大的影响。梅因在阐释其观点时所运用的轻松、流畅而又不失权威性的笔调，极具说服力。他呈现自己的研究成果时，就像是在指出一经说明就能立即被接受的公理一般。《古代法》的一个特点是没有注明文献出处。与传统的考古性文献不同，该书没有连篇累牍的注释。在《古代法》出版当年，一位评论者在《法律杂志与评论》（*Law Magazine and Review*）上撰文写道：

> 该书最重要的特点是形式上的简省。因为作者不愿因引用权威而影响自己的文字，我们认为这是明智之举；所以乍看之下，该书不是那种文献堆砌之作，不至于将普通读者拒之于千里之外。但是在很多情况下，即使是一些最流畅、最富有智慧的段落，也会因理论和研究过于密集而受到指摘。显然，梅因先生的这部著作并非仅为法律人所写（N. S. XI. 124）。

《古代法》的文风是其巨大影响力的重要组成部分，正如其研究对象一样。前文评论者说，

> 我们毫不犹豫地认为，从未有与此类似的作品以英文的形式出现过……几乎没有人曾想要——至少在本国——阐释那些法律概念之间的历史联系，而这些概念是现存社会体系的全部历史和发展的一

部分……该书的研究范围，就是有文字记载的最早时期出现的基本法律概念的历史演绎过程。它追溯这些法律概念，直至其萌芽阶段（N. S. XI. 99 - 100）。

某些论者认为，梅因的法理学研究方法并非与边沁和奥斯丁对立，相反它是后者的补充。由于注意到了梅因事实上采纳了奥斯丁的部分研究成果，他们提出，梅因之前的论者根据他们所生活的进步社会的法律状态得出抽象的理论，而梅因和萨维尼一样，把归纳概括的方法扩展运用到历史资料上，且不局限于罗马法。"在我们这个时代，触及在时间上比罗马更古老、在地域上比罗马更遥远、在认知上比继受自罗马的观念更陌生的早期法律体系，不仅是必要的，而且是可能的。"[1] 其他科学均有其自然史，现在，如波洛克所言，我们拥有"法律的自然史"了。梅因

一方面向我们展示了法律观念和法律制度与各生物属种一样，经历了一个发展变化的过程……另一方面，他清楚地表明，这个过程值得并且需要一种独特的研究，而不能仅仅视之为身处其中的一般

---

[1] *Law Magazine and Review*, N. S. XI（1861），236（review of Austin's *The Province of Jurisprudence Determined*）.

社会史的一部分……梅因告诫我们……法律本身有其重要的历史,并非完全是政治和政制的附庸。[1]

可以看出,他的部分观点来自更早的论者。隆对拟制的重要性很关注。格罗特分析过"地美士第"的本质。麦克伦南注意到了契约与身份之间关系的意义。某些梅因给出的明确结论,比如梅因宣称能够展现"历史的研究方法的优越性,是超过其他流行在我们中间的任何方法"(ch. VI, p. 101)的最好例证。关于遗嘱继承与家庭结构之间的关系,一个世纪以前的苏格兰思想家至少已经部分地提到过。但是,如果并非所有梅因分析的观点都是他原创的话,他把它们整合进一个逻辑自洽的理论体系中,进而把它们变成了自己的观点。

梅因的诸多隽语已经成为法律思想中的常识,以至于我们忘记了它们的原始出处。这样的例证很容易找:早期社会之中对宗教的敬畏是由法律引起的;古代法律严格的形式主义;早期法律中程序法优于实体法(正如他在后来出版的一部作品中所说,"起初,实体法看上去像是渐渐地被掩藏在程序法的缝隙中"[2]);个体拥有遗嘱处分、自由缔约的权利;以及犯罪是对公共利益

---

[1] *Introduction and Notes*, viii.
[2] *Early Law and Custom* (Lodon, 1891), 389.

而不仅是对犯罪行为受害人的损害的观念,是比较晚近才出现的。

显然,正是梅因天才般的概括能力,将这些观念转化成法律思想界的"共同货币"。

第五章

《古代法》之后

伴随着《古代法》的出版,法律演化理论达到了鼎盛阶段。维多利亚中期的人乐于接受这样一种学说,即文明社会的法律是经历了一系列可识别的发展阶段后的结果。法律的发展与社会自身的发展存在关联,但并不完全一致。法律演化可以被视为1850年代和1860年代流行起来的社会演化理论的一个分支。维多利亚时代的人意识到了正在他们身边发生的重大社会变化;对此,虽然他们乐观而坚定地展现出信心,但仍心怀一丝忧虑。他们愿意接受一种理论,能够把这些变化归因于必然的、客观的法则。所以,法律演化理论对他们来说很有吸引力。这种理论

提供了一种重构人类在本质上具有统一性的方法,同时避免立即遭到人性在本质上是普遍一致的旧有理论的反对。人类是一个统一体,并非因为普遍相同,而是因为都存在于同一个发展历程中,区

别是各民族发展阶段不同而表现各异。因该发展历程被称为进步,故而该社会理论被转化为道德和政治理论。[1]

对于那些已经因一连串的边沁式法律改革而感到瑟缩不安的人而言,梅因的《古代法》让他们感到安慰。梅因对于罗马法的研究揭示出一个真相,历史学家查尔斯·梅里维尔(Charles Merivale)将其表述为:"这是一场历经千年、不断进取的革命,期间从未有过任何剧烈的震荡。"[2]《古代法》的成功在很大程度上得益于辞章华美;但它也准确地契合了时代氛围。尤其值得一提的是,它与当时流行的民众思想运动一致。

首先,历史决定论的流行与科学的声望有关,在不列颠,是指狭义上的自然科学。从对复杂论述作出简单解释的意义上说,它以寻求梅因所谓的"外部法"为典型。物理学的方法能够被运用于研究社会和社会制度,因为各种各样有关社会制度的事实第一次能够被使用。新出现的统计数据让人们开始认识到人类行为的规律性,这在以前是做梦都不敢想的事情。谋杀是最难以预

---

[1] J. W. Burrow, *Evolution and Society* (Cambridge, 1966), 98-9.

[2] *Autobiography and Letters of Charles Merivale*, ed. J. A. Merivale (London, 1898), 321, cited by G. Feaver, *From Status to Contract* (London, 1969), 274.

测的人类行为,但是19世纪中叶,人们发现谋杀的发生"具有一定的规律性,并且和人类已知的环境条件具有一致性关系,正如潮汐变化和四季运转之间的关系一样",亨利·巴克尔(H. T. Buckle)如是说。如果人们的善恶之举受到周遭社会环境影响的结论得以证明,那么,"我们就不得不得出进一步的结论:周遭环境对人类行为的影响具有广泛而普遍的意义,就社会总体而言,它一定会产生某些后果,无论社会中某些特定的人的意志如何。"[1]

其次,法律演化论正好顺应了1859年达尔文《物种起源》(Origin of Species)出版后出现的根据生物进化论思考问题的潮流。彼时,《古代法》可能已经基本写作完成了,并且主要在地理学而不是生物学领域产生了一些影响。但是,在其出版之后,读者很容易发现生物有机体的进化和社会有机体的进化之间存在相似之处,梅因本人也表示认可。在之后的一部著作中,当谈及促使人们从事艰难困苦的劳动、创造与日俱增的财富的动机时,梅因写道:"人们要为生存进行不屈不挠、无休无止的斗争,这是一场个人的逐利战争,这场战争使每个人都想通过适者生存的法则凌驾于他人之上并保持自

---

[1] *History of Civilization* (2 vols., London, 1857-61), I. 21-3.

己的优势,正是因为这样才激发了人们的动力与辛劳,促使人们去行动。"[1]

最后,梅因在一份呈交印度政府的备忘录中坦率承认,"即使法理学本身也无法逃脱强大的进化律。"[2]

即使是对科学并不感兴趣的人,《古代法》也不会令他们感到失望,因为该书表现出明显的唯心主义倾向。黑格尔一派认为,历史学家不应满足于搜集素材并按照时间顺序对这些素材进行排列,而应当探究整个历史进程的意义和目的。对黑格尔而言,这需要在自由的理念中去发现。世界史见证了自由意识的兴起、实现,期间既有前进力量之助,亦有保守力量之阻。[3] 梅因阐释了进步社会从身份到契约的发展过程,而这仅仅是例外,并非普遍现象。在他的论述中,那些把历史当作是某种像自由一样的理念逐渐实现的人看到的是,投射在法律之中的个体独立观念逐渐展现的过程。

这些思想潮流促成了梅因以简洁的方式论述法律演化理论的成功。他那富有智慧且具有权威的概括能力,

---

[1] *Popular Government*, 5th edn (London, 1897), 50.

[2] Appendix to Minute to Government of India, cited by M. E. Grant Duff, *Sir Henry Maine* (London, 1892), 60; cf. P. J. Bowler, "The Changing Meaning of 'Evolution'", *Journal of History of Ideas*, 36 (1975), 102ff.

[3] W. H. Walsh, *An Introduction to the Philosophy of History*, 3rd edn (London, 1967), 139-43.

不仅在当时，时至今日仍然是很有说服力的。但不久，来自不同领域的反对声音就出现了。其中专业的学者批评梅因的结论缺乏证据支持。除此之外，有的反对者指向其方法基础，而有的则指向其政治意蕴。现在，我们有必要对这些反对意见做一分析。

首先，专门研究初民社会制度的学者——刚刚作为独立学科出现的人类学的领军人物——反驳说，明显是作为梅因的观点基础的那些事实，在某些情况下是错误的，并且无论如何都无法解释他所主张的这些命题具有的共同特点。他们认为，梅因虽然标榜追溯"真正的，而非想象或臆断的文明民族的制度史"（Early Law and Custom, 1891 edn, p. 192），但他的归纳只不过是纯粹的、缺乏长久生命力的假说而已。

《古代法》出版的同年，萨维尼的信徒、瑞士人约翰·雅科多·巴霍芬（J. J. Bachofen）出版了《母权论》（Das Mutterrecht）。巴霍芬曾任巴塞尔大学罗马法教授，辞职后投身于艺术史研究；四年后，约翰·弗格森·麦克伦南，《大不列颠百科全书》中法学词条的非正统作者，出版了《原始婚姻——婚姻仪式中俘虏形式的起源探析》（Primitive Marriage: An Inquiry into the Origin of the Form of Capture in Marriage Ceremonies）；1871年，美国人类学家路易斯·亨利·摩尔根（L. H. Morgan）出版了《人类家庭的亲属关系》（Systems of Consanguinity and Affinity of the Human Family）。这些作品的共同点是他们提出了与梅因完全相反的家庭起源理论。这些作者提出了已经由约翰·米勒所预示的一种理论，虽然他们并未意识到。他们用母系氏社会代替了父系氏社会。首先他们认为，个体婚姻尚未出现。滥交以及作为其后果的父系不明的状态普遍存在。所有的孩子被视为属于一个团体，而非一个父系家庭的后代。母亲要比父亲更重要。因此，人的血统是根据母系确定的，母权盛行。

梅因强烈反对新的观点。他在《古代法》中并未研究比文字记录所允许的更早的时期，因为他的自尊心不允许自己把关于原始家庭生活的理论建立在完全没有证据的、对已知的更早的罗马家庭结构的猜想上。梅因的父权理论是建立在有文字记录的证据之上的。他在《早期法律与习俗》（Early Law and Custom）中写道：

> 最强壮、最有智慧的男人占据统治地位。他竭尽全力保护自己的妻子或妻子们。所有处于他的保护之下的人都是平等的。被置于保护之下的外来孩子、被置于保护之下并提供劳力的外来人，与在内部出生的孩子并无二致。一旦妻子、孩子或奴隶逃跑了，他们与这个团体之间的所有关系都将终止，代表服从于权力或被保护的血缘关系就此结束。这

种家庭［借用乔治·考克斯爵士（Sir George Cox）充满力量的表述］存在于野兽的洞穴之中（p. 198）。

正如罗伯逊教授所评述的，"我认为完全可以这样说，在陆地上或海洋中都从未存在过这样的野蛮人家庭。整个建构只是纯粹的历史推理（histoire raisonée）。"[1]

关于母权制或父权制的论争只是人类学家就梅因的理论所提出的第一个论争。当然，我们必须清楚，在梅因创作之时，人类学研究尚处于萌芽期。梅因之后，对非印欧语系部落的区域研究，尤其是对非洲、北美和太平洋岛屿部落的研究，勾勒出一幅完全不同于梅因所设想的原始社会的生活图景。另外，人类学家的注意力集中在尚未出现文字的社会；但梅因首先关注的是早期法律开始成文化的时期。并且，在《古代法》中，他认为他的法律发展理论仅仅适用于印欧或雅利安社会，至少他表现出了这种倾向。尽管有时候他禁不住想要在时间上向更早时期推进，想要以普遍适用的方式进行概括，但他对尚未使用文字的社会和非雅利安社会关注较少。

现代人类学家已经修正了梅因认为的早期法律具有

---

[1] W. A. Robson, "Sir Henry Maine Today", *Modern Theories of Law*（London, 1933）, 167.

的两个共同特征。首先，人类学家指出，他低估了巫术和迷信在早期法律中的地位。梅因注意到，法律和宗教往往彼此交织难以区分，而且早期的法律习俗专家兼具国教神职人员的身份。"……当人们开始注意到法律之时，真的没有系统记录的、与宗教仪式和习俗无关的法律"（*Early Law and Custom*, p. 5）。

他认为，当法律与宗教彼此分离之后，法律中超自然因素便不复存在。然而，更为晚近的研究表明，当直接施行法律的社会机制不够强大时，巫术可能被用来执行判决。[1] 禁忌的超自然后果、被迫自杀，以及人类学所揭示的原始法律执行中的其他典型特点，在梅因的研究中均未被提及。之所以如此，部分原因是巫术在最早成文化的罗马法中并不突出。自梅因生活的时代以来，我们发现，巫术存在的时间比理性的维多利亚时代的人所认为的要长，即使在罗马人之中也是如此。[2]

梅因基于对罗马法的研究而强调早期法律一旦被制定便具有僵硬性和仪式性，这是另一个梅因主张但人类

---

[1] E. A. Hoebel, *The Law of Primitive Man* (Cambridge, Mass., 1954), 257ff.

[2] G. MacCormack, "Formalism, Symbolism and Magic in Early Roman Law", *Tijdschrift voor Rechtsgeschiedenis*, 37 (1969), 439–68, and "Haegerstroem's Magical Interpretation of Roman Law", *Irish Jurist*, 4 (1969), 153–67.

学家难以接受的早期法律的普遍特征。梅因说道:"原始法律的僵硬性,主要是由它同宗教的早期联系和同一性造成的,这种僵硬性曾把大多数人在生活和行为上的见解束缚住,使它们和人们的惯例第一次被固定为有系统形式时的见解一样。"除一两个例外,"情况仍旧是这样:在大部分世界中,只有墨守着由原始立法者所设计的最初计划,法律才能达到其完美性"(Ancient Law, ch. IV, pp. 45-6)。亚当森·霍贝尔(E. A. Hoebel)评述道:"如果说梅因曾将一个错误的观念灌输给当代法律史学家的话,那便是原始法律一经制定并具有僵硬性和礼仪性,并暗指当时的法律方法贫弱"(p. 283)。

在这一点上,我相信人类学家对梅因的观点有所误解,这大概是由于梅因措辞不谨慎所致。在人们已经发明了文字之后,民众普遍要求摆脱一小部分人对法律习俗的垄断,将其成文化并予以公布。梅因对这个时代中法律发展之艰难表示关注。这是原始法典的起源,不管其来源如何,人们倾向于把法律文本看作是神圣不容更改的。人类学家研究的大部分原始社会还没有成文法典,尚处在公布成文法典之前的习惯法阶段,所以在梅因看来,形式化的问题尚未出现。

人类学研究的一项主要结论是,任何带有普遍性的法律演化研究方案都应该被拒斥。我们发现处于同一社会经济发展阶段的不同社会具有多样性，这让我们不得不赞同霍贝尔的观点，即"法律的生长发展过程并非线性的"（p. 288）。特定的文化发展水平与特定的法律技术或法学理论之间并不存在必然的关联。社会多样性的原因之一是一个社会从另一个处于不同发展阶段的社会中移植法律观念，而梅因并未考虑到这一现象。如果线性发展并不存在的话，那么梅因称之为早期法律特点的独特发展趋势又是什么呢？

近几年，人类学家之间有这样一场论辩，即基于西方法律（如罗马和日耳曼）的历史法学分析理论能够在多大程度上运用于对相对简单的、非欧洲社会法律的解释。保罗·詹姆斯·博安南（P. J. Bohannan）教授曾强调跨文化法律概念翻译是很困难的，他坚持认为，不同社会的法律都具有唯一性，只能在其各自的术语中进行分析。[1] 相反，马科斯·葛克曼（Max Gluckman）教授认为，尽管其具体特质有所不同，但法律的核心概念——如义务、有罪与无罪、侵权、犯罪、契约等——在大多数法律体系中都存在，即使是欠发达的社会。关于这类法律关联，在多数法律体系发展过程中，梅因所提出的很多观点在某些情况下通常是适用的，虽然在这

---

〔1〕 *Justice and Judgement among the Tiv of Central Nigeria* (London, 1957).

些法律体系中,演化论假说很可能站不住脚。

在《巴罗策人的法学观念》(*Ideas in Barotse Jurispredence*)[1]一书的前言中,葛克曼写道,"一旦我们认识到,他的研究对象事实上是比较发达的法律体系",那么当代人类学研究总体上就"证实了梅因理论的基本框架是正确的"。他甚至暗指,把他的书命名为"对亨利·梅因爵士《古代法》的注释"(p. xvi)会更准确。在梅因的理论中,葛克曼认为有助于解释巴罗策法学的是他如下的观点:人法与物法的区分在早期法律中毫无意义,各种规则"密不可分地纠缠在一起"(ch. VIII, p. 152;Gluckman, 94)。脱离了土地所有者的个人地位,我们无法描述土地所有状态;同样,脱离了对土地的权利,我们也无法描述一个人的社会地位。梅因关于早期法律中"让与和契约实际上是混淆不分的"(ch. IX, p. 186),以及"契约长期被认为是一个不完全的让与"(ch. IX, p. 189)的观点,又一次在巴罗策买卖法中得到了验证(Gluckman, 183-4)。梅因关于罗马法中的继承并非对特定财产的继承,而是继承一种概括性的权利(universitas juris)的观点更有价值,"各

---

[1] (New Haven, Conn., 1965), xvi; cf. Gluckman, "African Traditional Law in Historical Perspective", *Proceedings British Academy*, 60 (1974), 295-337.

种权利和义务的集合，由于在同一时候属于同一个人这种唯一情况而结合起来。它好比是某一个特定个人的法律外衣"（ch. VI, p. 105；Gluckman, 124）。

《古代法》所使用的资料是如此丰富，以至于即使我们抛弃了其中的一部分，在其更为具体的研究之中仍有大量有价值的结论。这些结论创造出的情景类型是我们遇到一个全新的法律体系时应当特别留意的。[1]

法律史学者尤其是英国的法律史学者构成了反对梅因理论的第二条战线，他们认为，无论梅因的研究结论适用于罗马法或印度法与否，它们至少应该适用于早期英国法和作为英国法起源的日耳曼法。英国最伟大的法律史学家弗里德里希·威廉·梅特兰（Frederick William Maitland），对梅因的假说及其漫不经心的分析原始材料的方法提出批评。他在给他的合作者波洛克——梅因的仰慕者——的一封信中写道：

> 你提到了梅因，好吧，对他我并不愿多谈，因为有几次当我试图验证他关于事实的陈述时，发现他对自己的记忆过分自信，不愿到他所读过的书中去复核一下，记忆是会捉弄人的。比如，他关于诺

---

[1] For asurvey favourable to Maine, R. Redfield, "Maine's *Ancient Law in the Light of Primitive Societies*", *Western political Quarterly*, 3 (1950), 574-89.

曼底法律中半血缘关系的情况的描述,在我看来是异想天开的,因为他的描述与所有版本的习惯汇编都不一致。[1]

确实,梅因的旨趣并非法律史的细节问题,而在于创立有关早期法律发展的一般原则。但是,梅特兰发现,梅因最著名也是最常被引用的理论在日耳曼法的场景中并不正确。试举父权理论和村落共同体理论为例予以说明。

《古代法》的主要观点之一是,早期社会起源于团体,特别是家庭。早期法律主要关注的是家庭而非个体。从法律的角度,家长代表整个家庭,其权威包括妻子、儿女在内的所有家庭成员以及血缘关系稍远的亲属。家长权威直到其本人死亡才消失。这一理论主要优势是为早期罗马法的以下若干特点提供了一种解释,即男性宗族偏好,仅以男性为对象的代际传承,而不是同族关系和普通的血亲;经由两个家长的安排,通过过继的方式从另一家庭收养儿子的习俗,这和当代足球运动员的转会不同。这是为了延续一个没有男性后代的家庭的香火,正如遗嘱的功能一样。这个理论也解释了在早

---

[1] *The letters of F. W. Maitland*, ed. C. H. S. Fifoot (London, 1965), 222. The reference is to *Ancient Law*, ch. V, p. 89.

期社会中女性遭受的终身被监护的现象。罗马法的发展历程进一步阐释了成年家庭成员逐步从父权中解放出来的历程。法律开始把他们看作是独立的个体，他们的身份逐渐由自愿达成的合议即契约所决定，而非他们在家庭中的地位所决定。

类似地，关于财产权，梅因否认早期法律承认个人所有权。有一些证据证明，在早期罗马法承认家长所有权之前曾存在家庭所有权。但那时罗马已然成为一个城邦了。有关财产法发展的更早阶段的证据，梅因转向了印度的村落共同体。他认为，印度这一时期的村落共同体是家庭扩展为一个更大范围的、对村落土地共同共有的集体的例证。"印度'村落共同体'一方面是一个有组织的宗法社会，另一方面又是共同所有人的一个集合"（ch. VIII, p. 153），而"俄罗斯村落是和印度那些村落一样天然组织起来的共同体"（p. 157），尽管在细节上存在差异。在《古代法》中，梅因没有提及盎格鲁-撒克逊村落共同体。事实上，梅因在盎格鲁-撒克逊问题上曾引用过肯布尔的观点，他已经在早期英格兰研究中发现了盎格鲁-撒克逊村落共同体。十年后，也就是在他于1862年至1869年作为印度总督府法律参事亲自考察了印度村落共同体之后，梅因在《东西方村落共同体》（*Village Communities in the East and West*）一书中更加详细地论述了这一主题。在该书中，他在一定程度上分析了日耳曼共同体。该书引起了很大的关注，它的研究主题为作者赢得了作为一个历史法学家的重要声誉。[1]

梅特兰发现，当他把这些结论应用于我们所知的最早的英国法律时，会遇到如下困难，即"家庭而非个人是古代法中的主体，已经是英国学界老生常谈的论调了。虽然这个观点中有一些我们无法否认的真理成分——血缘关系曾经是最牢固而神圣的关系——但是，我们不应该满足于诸如'家庭''主体'之类的模糊术语……"男人与女人之间组成排他的宗族，"似乎意味着血缘只能通过男性或只能通过女性延续是必然的"。然而，"一旦我们了解了继承和家族仇杀的规则，那些必须承受仇恨并分享赔偿金的死者亲属，部分是其父系亲属，部分是其母系亲属"。同一个人可以分属不同的亲属团体。"如果法律会基于某种原因把一个宗族看作一个主体的话，赔偿金和族仇一定就是这个原因"，但是法律并未如此规定。因此，盎格鲁-撒克逊社会的发

---

[1] J. W. Burrow, "'The Village Community' and the Uses of History in Late Nineteenth-Century England", *Historical Perspectives* ed. N. Mckendrick (London, 1974), 255-84.

展没有经历通过男系亲属关系联合起来的父系氏族阶段。[1]

为了描述家长的角色，梅因使用了现代法律术语来表达家长所发挥的作用。梅特兰抓住这一点，极尽讥讽之能事，奚落梅因所犯的年代错误：

> 亨利·梅因爵士说"一个家族在事实上是一个法人"。但他也告诉我们"族长［我们在这时候还不应称他为家父（Paterfamilias）］"是"他的儿女和亲族的受托人"，并且"在法律的眼光中"代表集体组织。我不得不说，代表一个法人的男性族长受托人的这一说辞太过现代，难以令人信服。他可能是一个蛮族人，但穿戴着整整齐齐的晚礼服。不管怎么说他都是独立的个体；如果他被视为受托人和代表人，那么有关个体的法律不仅存在而且甚为发达了。离开了语言，我们就无法表达；离开了思想，我们就无法思考。我们是现代人，所以我们的语言和思想只能是现代的。或许正如吉伯（Gilbert）先生所言，我们无论如何也不能像早期英国人那样去思考、行动了。每一种思想都会显得太激

---

[1] F. Pollock and F. W. Maitland, *History of English Law*, 2nd edn (2 vols., London, 1909), II. 240–2.

进，每一个语词都有包含太多的差异。恐怕我们很难否定吉伯先生的观点。结果自然不会像梅因的《古代法》一样优雅易懂了。[1]

与早期家庭一样，梅特兰对梅因关于村落共同体及其土地公有制的观点进行了批驳。梅特兰问，当一个人说土地在属于个人之前是由部落共有的，那么他到底是不是真的在谈论所有权？事实上，这种观念与其说是处分权意义上的财产权，倒不如说是对土地使用的控制权。使用"所有权"一词，会陷入时代错乱。当一个部落经过了游牧阶段而进入一定水平的农业发展阶段后，土地所有权观念就成为必要的了。梅特兰证明，这种所有权很快就发展成个人所有权，他指出，对日耳曼人而言，他们有可能是从罗马人那里学到了个人所有权观念，由此打破了原本的法律演化进程：

> 如果人类学家对历史学家让步，他不需要从原始社群生活——必要的、原始的资料库——开始研究，那么我们推测已经接触到罗马人观念的蛮族人的行为时，就会有较大的空间。即使人类学家掌握的资料足以描述一个民族的正常发展历程，足以宣

---

[1] *Township and Borough* (Cambridge, 1898), 21-2. The reference is to *Ancient Law*, ch. VI, p. 188.

布人类的每一个独立部分——只要它是发展的——必然经历一系列注定的发展阶段,这些阶段可以被称为 A 阶段、B 阶段、C 阶段等,我还是必须面对这样一个事实,即进步迅速的族群是那些尚未独立、尚未寻得民族自救之法,但却接触到了外来的先进观念并借此——就我们所知——越过所有中间阶段直接从 A 阶段飞越进入 X 阶段的族群。盎格鲁-撒克逊人的祖先并未遵照循序渐进的规律,或者说没有遵从《尼西亚信经》,经历一系列"发展阶段";他们从一个阶段飞越进入另一个阶段。

但事实上,我们知道,试图为全人类建构一个统一模式则是徒劳且不科学的。[1]

但至少在一个问题上,我们应该感谢梅因,他促使梅特兰开展了一项非常杰出的研究。在梅因诸多卓越而权威的成果中,其中有一部分是关于 13 世纪研究英格兰法和惯例的学者布拉克顿(Bracton)的。梅因写道:

这个生活在亨利三世时代的英国著者,竟会把他的一篇全部形式和三分之一内容直接剽窃自《国法大全》的论文,作为纯粹英国法的纲领,而向其同胞宣扬。他竟敢在正式禁止系统地研究罗马法的

---

[1] *Doomsday Book and Beyond*(Cambridge,1897),345.

一个国家做这样的试验,这在法学史上将始终成为一个最不可解之谜（ch. IV, p. 48）。

梅特兰指出:"这是惊人的夸大之词。"[1] 他对此所作的反驳构成了《布拉克顿和阿佐》（*Bracton and Azo*）一书的内容,由此开启了现代布拉克顿研究。

诸如此类的例子削弱了梅因提出的被视为普遍真理的主要观点。梅特兰指出,梅因的观点太过模糊,事实上是根据非常有限的论据得出来的。但他并不否认梅因采用比较法的目的或价值,他自己也在某些重要的法学研究中使用此方法,比如有关法人的研究。法律演化理论比梅因所理解的更复杂,也不像他认为的那样可以使用规整化约的方法进行研究。尽管如此,梅因还是开阔了人们的眼界,证明了在最不同的社会之间也存在相似的法律制度。确实,完全不涉及民族主义,是梅因与萨维尼和德国历史法学派最主要的区别。所以,尽管诸如祁克（Gierke）等德国学者坚持认为马尔克共同体（mark-community,德国的村落共同体）是德国特有的,但梅因运用基本完全相同的史料得出这样的结论,即"有关这种反复出现的人类结合的方式,德国和印度或

---

[1] *Bracton and Azo*, Selden Socioty, vol. VIII (London, 1894), xiv.

斯拉夫之间在本质上并无不同"[1]。这可能就是他受到民族主义色彩较淡的欧洲大陆法学家青睐的原因。

另外,还出现了从方法论角度反对梅因法律演化理论的学者。18世纪,亚当·斯密将其法律发展学说与经济因素相关联;社会生存方式在很大程度决定其所拥有的法律种类。但是,尽管他的很多重要观点均包含在《国富论》中,但与法律演化相关的内容在其生前并未出版。我们认为属于19世纪的理论,如萨维尼的民族精神和梅因的从身份到契约的运动,在当时的人看来,更多的是对亚当·斯密的某些观点的展开。然而,在19世纪后半期,强调经济因素对演化的影响的学说重新兴起。路易斯·摩尔根是一位美国人类学家,他所持有的母系社会学说,与梅因的父系社会学说针锋相对。他的研究资料与亚当·斯密类似,都来自美洲印第安人和古希腊、罗马人。在《古代社会》(*Ancient Society*)一书中,他提出了一种理论,即社会生存方式和技术增长水平是决定政府、家庭和财产等社会制度发展的因素。摩尔根的著作对马克思和恩格斯产生了重要影响;与梅因相比,他们更认同摩尔根的理论。马克思对梅因《早期

---

[1] P. Vinogradoff, *Outlines of Historical Jurisprudence* (2 vols., London, 1920-2), I. 140.

制度史讲义》(*Lectures on the Early History of Institutions*)的注解的出版,生动地呈现了他对梅因表现出的贵族式权威的不满。他称之为"伟大的梅因"(great Maine)、"尊贵的梅因"(der würdige Maine)、"自信的梅因"(comfortable Maine)和"死脑筋的英国人梅因"(Maine also blockheaded Englishman),并且如是注解,他"在谈及神职人员、律师以及更高社会阶层的人士时,通常表现得很温和"。[1]

1883年,当恩格斯在海格特马克思的墓前讲话时,他把马克思和达尔文放在一起比较,并宣称他发现了"人类历史的发展规律,即历来为繁芜丛杂的意识形态所掩盖着的一个简单事实:人们首先必须吃、喝、住、穿,然后才能从事政治、科学、艺术、宗教等;所以,直接的物质生活资料的生产,从而一个民族或一个时代的一定的经济发展阶段,便构成基础,人们的国家设施、法的观点、艺术以至宗教观念,就是从这个基础上发展起来的,因而,也必须由这个基础来解释,而不是像过去那样做得相反"。[2]

---

[1] L. Krader, *The Ethnological Notebooks of Karl Marx* (Assen, 1972), 289, 292, 299, 323 and 326.

[2] Cited by W. O. Chadwick, *The Secularization of the European Mind in the Nineteenth Century* (Cambridge, 1975), 60, from Marx‐Engels, *Werke* (Berlin, 1962), 19.335.

马克思及其追随者重新回到了斯密提出的强调生产方式对法律变革影响的老路上。1977年《时代》(*The Times*)[1]杂志刊载了一封读者来信,这封信是针对玛格丽特·撒切尔夫人的某些评述而写。它说,我们应把这样一个观点归功于亚当·斯密,即占主导地位的生产方式决定了社会制度的本质,决定了财产权的形式和范围,决定了人与人之间的关系的本质,决定了他们之间的平等和不平等。

斯密的分析较之马克思更为微妙,因为他认为一个社会的法律是否以及在多大程度上变化,在某种程度上取决于心理因素。并且,他尽量避免去推测哪一种社会将会取代商业时代属于商人和工厂主的社会。与此相反,马克思和恩格斯实际上排除了其他所有因素,把经济条件视为决定法律变革的唯一决定因素,而且他们特别关注资本主义覆灭之后未来的社会。因为他们把法律视为控制生产方式并由此攫取政治权力的统治阶级意志的表现,所以得出这样的结论,即真正的共产主义社会不需要法律。法律将最终消亡。但是,在此之前,法律将伴随经济生活的变化而变化。[2]

---

[1] Begun by Lord Kaldor, 21 July 1977.

[2] 关于马克思的演化论观点的论述,参见 L. J. Pospisi, *Anthropology of Law: A Comparative Theory* (New York, 1971), 151-65.

因为他们把历史看作是一个演化过程,所有社会都必然要经历这个过程;并且,一个社会在其不同阶段的法律都必然决定于当时占主导地位的经济条件,马克思、恩格斯和他们最亲近的追随者们被认为是严格意义上的法律演化论的最后支持者。现在的问题是,一个非马克思主义者可能信奉法律演化论吗?

法律演化论的第四种反对者,专注于以演化的方式看待法律变革所带来的政治后果。梅因对其自身时代主题的态度是怪异的。他宣称自己反对民主和民众政府,因为它不是进步的。普通人与生俱来的保守主义会令得他反对科学和知识展现的变革,而社会中比较开明的人则欢迎这些变革。但是在他的晚期作品中,正如罗伯逊所指出的,他"对这个世界怀有某种程度的怨恨,他曾反复宣称这个世界天生就排斥变革,但眼前的世界却在经历持续而迅猛的变化"。[1]

不管梅因自己的政治立场是什么,他提出的理论往往被反对党用于论证法制改革的正当性。他的追随者宣称,法律演化的历史经验告诉我们,不管我们喜欢与否,法律自身总会以某种方式自我调整,以适应新的社会和经济条件。与欧洲大陆法律不同,普通法维持非法

---

〔1〕 "Maine Today", 176.

典化状态的事实,强化了这个观点具有的任何合理性。如果法律是以权威法典的形式所书写的,人们只能通过修改法典,或以重新解释法律字句的方式——亦即拟制——实现法律变革。但如果法律表现为判例的话,它将完全不会成文化。法官可以对较早的案例进行评述,进而证明它的权威性可适用的范围比此前法官认为的更宽或更窄。因为他们所受的拘束力来自判决,而非之前法官论证判决的理由;并且判决既可以被视作仅限于该判决本身的事实,也可以被视为具有更广泛的适用性。基于这种方法,法律根据其自身资源实现与时俱进是可能的。以前的英国律师,他们所接受的主要就是一种谨慎保守的训练,因为这种训练就是根据被罗斯科·庞德(Roscoe Pound)称为"将过去的司法经验运用于当下的司法问题"[1]的理念而设计的。法律演化论,因其模糊的决定论气质,为寻求法律发展连续性的论者提供了极大的研究便利。其发展前景是法律宿命论。

然而,梅因的理论所造成的一个更具灾难性的后果,却并非出于其本意。他说,进步社会的秘密是它们都为自身设置了明确的目标:

> 一个国家或者一个职业在其力求改进时,如果

---

[1] *The Spirit of the Common Law* (Boston, Mass., 1921), 182.

能有一个明确的要达到的目标,其重要性是不能忽视的。在过去 30 年间,边沁之所以能在英国产生巨大的影响,其秘密就在于他能成功地把这样一个目的,向国人提出。他给我们一个明白的改良规则。前一世纪中的英国法学家是敏锐的,当然不至于会被这样一个似是而非的言论所蒙蔽,以为英国法律是人类完美的理想,但是由于缺乏任何其他原则可资依据,他们在行动上似乎就相信着这样一个说法。边沁提出社会幸福,把它作为优先于其他一切的首要目的,这样,就使一个长期以来正在寻找出路的洪流,得到了发泄(ch. IV, p. 46)。

梅因的追随者在其提出的进步社会经历了从身份到契约的发展的概括中,发现了边沁的社会目标论的另一种表达。罗马法的发展史为这一命题提供了论据,但有论者认为它同样适用于普通法。它被看作是为意思自治理论和萨维尼所谓的"自由意志理论"(will-theory)所提供的一种解释,即法律的目的在于,通过契约、遗嘱和赋予个人充分的财产处分权等手段,使得个人意志得以充分地实现。尽管梅因本人提出从身份到契约的观点时使用了"迄今为止"(hitherto)的时间限定,但他的追随者们却将其视为法律发展的一般规律,而演化就是依循该一般规律的发展过程。契约相较于身份是进步的，所以任何重新规定身份的法律制度都被指责为倒退。论者假定法律的进步意味着法律朝着更加凸显个体意思自治的方向发展，意味着个体只有在其本人自愿缔结契约或本人有过错的情况下，才具有法律上的责任。

自由意志理论之于 19 世纪的法律研究者，正如自由放任理论之于 19 世纪的经济学家那样不容置疑。当时的法庭曾引用该理论驳斥任何被认为是对契约自由进行限制的行为，比如劳动者承诺在雇佣关系终止后不从事与原雇主竞争的事务的约定。另一方面，与公营公司（public corporations）或大公司签订的格式合同被严格地执行，而不论其对缔约者课以怎样严苛的义务，只因它们是基于契约自由而订立的。缔约者如果想要得到这份工作就必须接受对方提供的合同条款且毫无选择的自由这一事实被忽视了。议价能力的差异不被重视。

立法确立已婚女性和丈夫一样可以拥有属于自己的财产，被极力称赞为一种进步的胜利，尽管它忽略了大部分女性因承担家务而没有机会取得财产的事实，并且英国法并未赋予妻子共有其丈夫财产的权利。

直到第一次世界大战，这场运动在美国才开始衰落。在美国，社会立法因为同样的原因被认为是违宪的。规定雇主对雇员无过错赔偿责任的法律，以及禁止签订雇员同意以公司的货物而非现金支付部分工资的劳动合同的《工资实物支付禁止法》,均被视为违反了由身份到契约的演化规律。[1]

与美国相比,英国对此个人主义潮流的反对更为激烈,且可追溯到戴雪(A. V. Dicey)所著并于1905年出版的《19世纪英国的法律与公共舆论》(*Law and Public Opinion in England during the Nineteenth Century*)。[2] 他称之为"集体主义",并认为集体主义是若干因素共同作用的产物:工厂运动,1848年人民宪章运动失败之后工会制度的发展,经济理论向社会主义方向的调整,商贸体系从私人管理向法人控制的转变,有住房者即有选举权(household suffrage)制度的出现。这些因素叠加在一起对法律产生的影响能够从如下一些现象中观察到,即保护弱者观念得到广泛传播,限制契约自由(如保护佃农),工人联合得到认可,以及借由推行强制基础教育和颁布规定雇主责任、雇员赔偿的法律所体现的地位平等化。戴雪得出结论,这些立法背离了边沁创立的原则,并且越来越远,因为公共舆论"不是被争辩论证的力量所引导,它更多地屈从于情势的压力",所以"这些事件的内在逻辑导致了带有集体主义印记的立法

---

[1] R. Pound, *Interpretations of Legal History* (Cambridge, 1923; reprinted Cambridge, Mass., 1946), 53–68.

[2] 2nd edn (London, 1914), 219ff; 260ff.

的扩张和发展"（pp. 301-2）。集体主义越发展，从契约到身份运动这一结论似乎越被证明是不正确的。

威诺格拉道夫（Vinogradoff）

沿着梅因所创立的传统继续以英语写作的最杰出的法学家，试图调和梅因及其反对者的理论，此即保罗·威诺格拉道夫爵士（Sir Paul Vinogradoff, 1854-1925）。威诺格拉道夫是俄国人，1904年受聘成为牛津大学法理学教授。梅因从印度回到英国后曾担任该职位。威诺格拉道夫是在莫斯科接受的教育，在这里存在着一个把法律研究与社会和经济历史相联系的传统。

说来奇怪，这个传统因为斯密的一个学生杰斯尼茨基（S. E. Desnitsky）——一个由俄罗斯政府派遣的乌克兰人——和在格拉斯哥师从斯密和约翰·米勒的该学生的同事特列恰科夫（I. A. Tretyakov），而与亚当·斯密联系在了一起。他们在那里求学六载。期间，杰斯尼茨基因扯掉了一位担任唱诗班指挥的教授的假发而在大学法庭中受审，他的学业也因此险些中断。他们回到俄罗斯之后，两人均被任命为莫斯科大学法学教授。布朗

(A. H. Brown)先生最近研究了他们的作品后发现,[1]他们的理论明显是沿袭斯密和米勒而来。杰斯尼茨基尤其推崇比较历史的方法和相应的发展理论;另外,他们还与众多反对者论战以捍卫这些理论。杰斯尼茨基被俄罗斯法学界称为"俄国法学之父",考虑到他关于法律和社会及经济发展之间关系的理论影响了一个世纪之后在莫斯科大学求学的青年时期的威诺格拉道夫,[2]这个称呼并非没有道理。

《历史法学大纲》(Outlines of Historical)是威诺格拉道夫于1920—1922年期间出版的一部未完成的著作。在这部著作中,作者认可梅特兰对梅因所作的总体评价,但同时认为,如果在推理"之前能够对个案进行认真研究"的话,梅因的比较历史法还是有效的。个案研究旨在发现某一法律体系的"形成、发展和衰落"(I.149)。威诺格拉道夫采用的比较法学方法显然更为

---

[1] "S. E. Desnitsky, Adam Smith and the Nakaz of Catherine II", *Oxford Slavonic Papers*, 7 (1974), 42-59; "Adam Smith's First Russian Followers", *Essays on Adam Smith*, ed. A. S. Skinner and T. Wilson (Oxford, 1975), 247-73; "The Father of Russian Jurisprudence: The Legal Thought of S. E. Desnitskii", *Russian Law: Historical and Political Perspectives*, ed. W. E. Butler (Leyden, 1977), 117-40.

[2] 科瓦列夫斯基(M. Kovalevsky, 1851-1916)是与威诺格拉道夫同时代的另一位来自俄国的梅因的追随者,他的主要著作显示出梅因的影响力,并被翻译成法语,名为"*Coutume contemporaine et loi ancienne*"(Pairs, 1893)。See *Encyclopedia of Social Science*, VIII (1933) 595.

谨慎，但他没能抵抗住"按照理论的分歧和联系而非年代"（I.155）来安排历史法学资料的诱惑。此种历史法学的意识形态方法，推导出六个法律演化的阶段。

第一个阶段是图腾社会时期。在该阶段，"没有很多技术性的立法"（I.158）。法学研究者最好把对这个阶段的研究留给人类学家。第二个阶段是部族法。对部族法的记载，事实上主要是根据早期印欧社会的情况。值得特别指出的是，威诺格拉道夫认为，这一阶段的部族法掌握者只是说出法律，而不是制定法律。"古代的立法者（law-giver）从未把自己当作是向某一个人或整个部落发布命令的人：他的首要目标是找到法律并以司法的方式把找到的法律传达给整个部落"（I.361）。部落社会时期法律是被"说"出来的，是早期罗马法和日耳曼法的重要特点，这一点梅因也着重进行了阐述（*Ancient Law*, ch. II, pp.18-20）。

威诺格拉道夫提出的理论框架中的第三个阶段是市民法，因其与城市生活的关系而得名。它的内容"取决于一个重要事实——城市共同体之本质"（II.2）。此时，法律的惩罚开始以政治国家的政府的名义执行。这一阶段的主要实例是希腊法。威诺格拉道夫抓住机会，对还没有像罗马法那样引起学者注意的希腊法律体系进行研究分析。虽然很难把该发展阶段的罗马法与之后由城邦进入帝国阶段的罗马法相区分，但希腊法仍然保持在市民法阶段。

到目前为止，划分法律发展阶段的标准是社会形态。法律随着社会及其政府形式的改变而改变。但是在接下来的三个阶段中，威诺格拉道夫改变了原来的标准，转而以社会产生的法律观念的类型为区分标准。他只能概括这三个阶段的主要特点。

第四个阶段是中世纪法律。很明显，这个阶段只涉及欧洲。这个阶段的法律由两大法系构成，威诺格拉道夫认为，在很大程度上两大法系之间似乎存在对立关系：封建法和教会法。前者依据神的指引论证其合法性，并可适用于所有人；后者则以领主制经济为基础，构成基督教徒忠诚的纽带。但是，威诺格拉道夫富有创见地指出："该两大法系——封建法和教会法——生长在同一块土壤中并不仅仅是偶然。它们的二元性恰是其极端一元性的必然结果。封建法的基础太过狭窄，而教会法的基础却又太过宽泛……甚至，从技术上说，少了其中一个的补充，另一个也无法存在"（I. 159）。

第五个阶段是逐渐取代了中世纪法律的个人主义法学。据说，这个阶段的法学思想的趋势是以个人主义为基础构建其概念；法律思想家通过个人的视角思考社会关系，意在实现个人幸福的最大化和痛苦的最小化。19

世纪中叶，这股潮流达到了顶峰。

第六个阶段是戴雪曾追溯其起源的社会法学阶段。这个阶段以更多地关注社会力量而较少地强调个体为特征。威诺格拉道夫反对马克思的物质决定论，但仍期待一个理想的社会主义在（遥远的）将来可以实现。

威诺格拉道夫的研究框架反映了，提出一套可靠的法律发展阶段理论是很困难的。[1] 首先，他试图调和两种不同的演化理论，一种理论主张法律变化取决于不同的社会条件，另一种理论则认为法律变化是某些观念逐渐显露的结果；但他无法证明两种理论之间的关系。他自己也意识到了这个问题。在最早的图腾和部族法阶段，法律变革完全取决于社会经济条件；而在比较晚近的个人主义和社会主义阶段，观念的力量导致了法律的变化。他说："在现实生活中，观念并未完全独立，而是体现在现实中，随后它们似乎又受到客观必然性和物质力量的巨大影响。对于法律原则的发展，其面临的现实条件是游牧社会、农业社会还是工业社会，并非不重要"（I.159）。然而，他无法解释观念和现实在法律变革之中相互作用的机制。

其次，威诺格拉道夫理论框架中的最早阶段具有普

---

[1] J. Stone, *Social Dimensions of Law and Justice* (London, 1966), 142-3.

遍性特点,乃是基于"世界上所有人类居住地方的……物质条件"而提出的;但在之后的发展阶段中,其理论则"主要局限于欧洲文明圈中法学理论的发展"(I. 158)。正如他解释的那样,在这些阶段中,"诸如婆罗门教、伊斯兰教和犹太教等重要法系"(I. 158),变得无足轻重。

在认识到这些困境之后,威诺格拉道夫似乎突然意识到,摆脱此种困境最好的方法就是放弃以任何一种顺序安排这些阶段。"关键是要认识到作为一种法律理论基础的历史类型的价值"(I. 160)。与此同时,其他学者得出了同样的结论,但方法不同:英格兰学者采用实用主义的方法,而德国学者的方法更富于理论性。

在英格兰,学者们通过重新评估方法认识历史类型。尽管此前的法律演化论者认为他们的研究方法既是历史的也是比较的,但此时这两种方法的区别已经很清晰了。被授予勋爵爵位的詹姆斯·普莱斯(James Bryce)曾担任牛津大学民法学钦定讲座教授,正因如此他有责任为将来的英国法学人解释罗马法学方法的意义。他将法律科学的方法分为四种:形而上学(或演绎法)、分析法、史学方法和比较法。

其一,他认为,史学方法的优势是它揭示出了差别而非相似性。它解释了"被讨论的法律所在国家或民族独特的条件下形成的原则和规则。所有的法律都是过去和现在、传统与现实妥协的产物……它将民族精神和民族发展的条件视为创造性的力量"（普莱斯曾在德国求学）。其二，史学方法指出，在任一给定时代中得以留存的规则都是该时代的产物，"并且和被抛弃的规则经历了同样的变化和衰落"。它一方面必须避免沦为"纯粹的古物研究，另一方面也要避免与一般的政治和社会史研究混同"。[1]

史学方法的弱势是"它更适合研究某一具体国家的法律，而不适合研究一般法学理论"。而比较法则可以收集每一个或多数的已知发达法系的规则和制度，发现它们的相似性和差异性，"从而寻求建构一个符合自然的法律系统。之所以称该法律系统符合自然，是因为它整合了人类无论如何在情感上都认同的本质内容，即哲学性，因为它透过语词和名称发现了隐藏在多元化描述背后的真正的同一性、有用性，因为，不管采用什么方法，它证明了所有（或多数）法系追求的目标均已完全达成"（II.619）。因此，史学方法必须以比较法为补充。把史学方法和比较法相结合研究不同法系的差异性，我们可以"把地方性的、偶然的或暂时的法律原则

---

[1] *Studies in History and Jurisprudence* (2 vols., New York, 1901), II. 617-18.

与共同的、本质的和永久的法律原则相区分"（II.619）。换言之，两种方法结合起来，可以说明哪些制度、原则和趋势会在发达的法律体系中反复出现。普莱斯承认，这种研究路径最适合于先进的法律体系，如果考虑研究材料的便利性的话，尤其适合于罗马法和英国法的方法、原则的比较研究。

尽管普莱斯在这一领域的部分论著，如关于罗马帝国和英属印度的比较研究，现在看来有些过时，但他在一个更高的技术层面提出了很多深刻的洞见。在40年前，他的史学-比较方法已经走出法律演化理论很远了。

德国的类似活动以1887年费迪南德·滕尼斯（Ferdinand Tönnies）开创性的《共同体与社会》（*Gemeinschaft und Gesellschaft*）[1]一书的出版为开端。滕尼斯以梅因提出的进步社会发生的从身份到契约的运动为起点，展开自己的论述。他描述了因两种对立的社会集团的出现而导致的"悲剧性冲突"（tragic conflict）。首先，共同体是由在某种程度上共享一种生活方式的人组成的社会团体，比如家庭，大学或行会。其次，社会是一种缔约人为了实现某些共同的目标，根据自由意志而形成的有限责任关系，通常以契约的方式形成这种关

---

[1] Ed. C. P. Loomis as *Community and Society* (1957), Harper Torchbook edn, 1963.

系。在某种意义上,这些是"理想"状态,纯粹的共同体或社会的形态在现实社会中并不存在。但它们提供了一种工具,可供描述某种特定社会关系的特征之用。

尽管滕尼斯注意到他所提出的两个基本社会关系类型与法律都存在关联,但由于法律显然更适合与社会放在一起讨论(相较于共同体而言),所以他对这种区分的社会意义兴趣更浓。相反,与他同时代但稍年轻的马克斯·韦伯(Max Weber)在《经济与社会》(*Wirtschaft and Gesellschaft*)中,不仅构建了一系列理想的、严格定义的社会类型,而且还把这些社会分类应用于法律发展(ch. VII, "Sociology of Law")。对此,韦伯著作的编辑者马克斯·莱茵斯坦(Max Rheinstein)解释说,韦伯提出

> 在一个社会中,所有的社会规则都被遵守,是因为它们一贯被遵守,并因而被当作社会习惯;或者是因为它的统治者具有超强人格魅力而被认为是天选之人;或者是因为它的政府是根据一系列理性设计并被认定为正确的规则而运行。上述各种社会分别具有何种特点呢?历史上,这类"纯粹的"的

情境并不存在，它们是类似于几何结构的人造模型。[1]

这些观点的提出，是基于深入的史学研究；[2] 韦伯的其中一部早期著作是研究罗马农业发展和罗马公法、私法之间的关系。他使用和法律演化论者同样的材料构建模型或类型，用以表征特定社会关系或法律关系的特点，无论其发生在何种社会中。韦伯的"理想类型"意味着无法对其进行评价，它们脱离历史进程。作者的构想，是为了促进对现实社会的研究和比较，无论该社会所处的时空如何。

---

[1] Introduction to *Max Weber on Law and Society* (New York, 1967), xxix.

[2] 关于韦伯对历史材料的态度，参见 D. G. MacRae, *Weber*, Fontana Modern Masters Series (London, 1974), 45-6, 64-5.

结　语

前文中，我使用"法律演化"这一术语介绍了一系列理论，这些理论不仅通过历史的角度解释法律变化，而且根据某些确定的社会阶段或某种先验的方式将法律变化解释为特定的程式。事实上，这些理论发展的最高峰是属于19世纪的，且在该世纪末即归于消亡。提出这些理论的思想家，整体上是一群对法律的本来状态感到满足的人，虽然他们也可能想看到某些法律方法变革，但他们对可能发生的大规模和剧烈的法律变革感到担忧。萨维尼反对废弃传统罗马法，因为它们已经被德国所继受，且有助于一部新法典的编纂。梅因对边沁和奥斯丁的态度有时候模棱两可，但他肯定不赞成激进的变革，并且对英国法是主权者刻意为之的制定法的观点持强烈的怀疑态度。法律演化论对保守的法律思想家具有吸引力，尤其是对喜欢标榜自己进步的保守派学者而言。

法律演化论与罗马法的地位也有密切的关联。在德国，胡果之后最早的一批历史法学家指出，长期以来被视为罗马法的法律，其实是自然法学家提供的一个理性主义版本，这些内容遮蔽了罗马法制度真正的发展过程，以至于其真正的含义无法被理解。1816年，尼布尔在维罗纳发现了盖尤斯的《法学阶梯》重写本。该书是查士丁尼编纂《国法大全》之前古典罗马法的重要渊源，而且作为记述罗马法发展的文献，它生动地展现了罗马法独一无二的地位。以成文形式保存的罗马法，上起公元前6世纪台伯（Tiber）河畔部落联盟时期的法律，中经公元2世纪罗马顶峰时期发展成为世界大帝国时的法律，下至罗马帝国衰落时的法律。萨维尼把罗马法发展的上述诸阶段归纳为一条法律演化的一般规律，用以分析他所赞赏的某些社会类型。

在英格兰，梅因继承了把一般法学理论与罗马法相关联的这一悠久传统。英国法一贯以规则见长，而理论方面则比较薄弱。尽管英国法受到罗马法的影响相对较少，但传统上英国法学经常向同时代的欧洲大陆法学理论寻求灵感，而后者是以罗马法为基础的。[1] 所以，奥斯丁吸收了很多潘德克顿学派的观点，并把它们看作

---

〔1〕 P. Stein, *Roman Law and English Jurisprudence Yesterday and Today* (Inaugural Lecture) (Cambridge, 1969).

通行的法学理念。与奥斯丁深受潘德克顿学派影响不同，梅因受到萨维尼的影响较小，但他似乎本能地感到，罗马法发展过程中所经历的各个阶段，普遍适用于各个进步社会，并进而确认了他提出的一个论点，即一般法理学课程无法绕开罗马法。一般法理学是法律教育委员会所要求的法律应具有的科学属性。如果这门新的课程想要具有一定的理论基础，那么唯一可行的系统分析方法就是史学理论，而该方法不可避免地会涉及罗马法。在一个古典文学被认为是文明人的教育中不可或缺的一部分的时代，把罗马法作为律师培养教育中的一部分是很自然的事情。当然，这是指罗马法中有助于准律师认识法律本质的内容，而不是其中琐碎的方法。

虽然亚当·斯密的法律发展理论在时间上早于萨维尼和梅因，但在我们看来更具现代性。与萨维尼和梅因相比，亚当·斯密研究了更多的社会类型，并以此为基础提出自己的理论。虽然斯密在很多地方使用了罗马法，但他并不像19世纪的作家那样给予罗马法特殊的超凡地位。此外，斯密不那么教条。在诸多影响法律变化的因素之中，他认为生产方式是主要的影响因素。但他同时也认可民族精神和传统在法律变化中的作用，在决定法律规则的细节方面，他认为心理因素的作用也不容小觑。斯密提出，由公正的旁观者根据他们所处社会中占主导地位的观点来判定刑罚的级别,或决定哪些协议应当被认定为有效的契约。这与现代观念不谋而合。

当下的思想潮流对社会学研究中的演化论不利。首先,人们倾向于把演化观念与社会进步联系在一起。18世纪后期和19世纪中期是乐观主义时代,当时普遍存在一种潜在的感受,即尽管偶有倒退,但社会始终是在进步的。1914年以来,我们无法再保有未来会更好的信心了。虽然我们的生活水平因生产技术的巨大进步和发展而提高了,却无法确信在社会关系方面我们必然会进步。社会变革伴随着法律变革,但它并非通往理想社会的必然部分。

其次,我们已经放弃了将经典物理学的方法用于社会现象研究的想法了。自然科学所具有的确定性,已经被证明并不如我们认为的那样可靠。正如安东尼·吉登斯(A. Giddens)所说,"20世纪,人们对作为所有知识典范的科学知识的信心削弱了,人们根据科学理性主义的进步程度而对人类文化进行排序的做法也受到质疑"。[1] 故此,曾经对法律演化充满吸引力的科学的形象,失去了光泽。

对传统科学方法的质疑,放弃寻求一种足以对法律

---

〔1〕 *New Rules of Sociological Method* (London, 1976), 130.

制度的变迁提供普遍性解释的理论体系，这两者是同时发生的。现在，我们更加关注某一个社会的独特性，更加关注那些导致此社会以这种方式变化而彼社会以那种方式变化的因素。由于不同文化的复杂性，试图在无视某一社会的独特社会条件的情况下，解释其私法体系中基本制度的起源和发展，似乎是不可行的。

125　　即使可行，与亚当·斯密或梅因所处的时代相比，这样做的价值也是比较小的。这是因为我们对于法律在社会中所发挥的功能的认识已经变化了。在梅因写作的时代，关于法的功能的主流观点与亚当·斯密生活的时代并无太大不同。公法与私法之间存在根本的差异。公法关注的是社会整体的利益，专注于保持国家统一，免受外部攻击，专注于维持内部秩序。除此之外，人们有权按照最有利于自己的方式安排其生活，免受任何人之干涉。当然，一个社会应该为特殊群体制定特别的法律，如精神病患者、贫困者（保障穷困者权益的法律是社会政策方面的重要内容），但对多数人而言，公法几乎不会干涉他们的生活。私法处理财产权利纠纷，旨在最大可能地保护所有人的占有权和处分自由。

　　时至今日，所有这些都变了。公法与私法之间的区隔在很大程度上已经消失了。每一项私法纠纷之中似乎总包含有公法方面的内容。房屋销售需要考虑城市计划和后花园可能发生的市政工程，比如新的道路建设；离婚具有社会安全方面的影响；道路交通事故会触发社会保险；税收的魅影缠绕着每一种法律关系，令人感到丧气而忧愁。事实上，当下发生的大多数纠纷都会以这种或那种方式与行政法发生关联，行政法与通行的理性和公平标准的执行密切相关，而落实通行的理性和公平标准又必须根据当下的价值观念行使自由裁量权。[1]

与亚当·斯密一样，梅因也认为，法律区分权利和义务；司法判断是非黑白。对一项债务，某人或是债务人或不是债务人；对一件物，某人或是所有人或不是所有人；对一项损害，某人或担其全责或完全无责。现在，法律更多的是一种妥协（compromise），是对立主张的调和。据此，我们把司法看作是利益平衡的过程，也是一个法官基于通行的社会共识进行社会价值选择的过程。法官不再宣称他们根据形式逻辑适用法律，丝毫没有预先考虑过结果；相反，他们有意识地调整法律适用，以满足立法背后的社会目的。

由于这些变化，私法领域基本制度（如契约、财产、继承等）的发展模式与时代议题之间的关联，似乎并不像18世纪、19世纪那样紧密。识别出这些发展模

---

[1] R. M. Unger, *Law in Modern Society* (New York, 1976), 192-237.

式仍然具有历史意义，其对于准确理解私法制度的传统功能也是很必要的；但这已经不像一个世纪以前那样具有现实意义了。

这是否意味着法律演化理论完全是徒然一场，不过是法律思想史上一段奇特插曲而已？绝对不是！时至今日，这场运动仍然影响着我们对法律的认知。首先，很多法律演化论的具体看法已经融入了我们的思想，当然这些看法并不是普遍适用的法律演化律，而是法律推理或法律发展的模式或类型。[1] 我们知道，纯粹的模式或类型不存在于任何现实的法律体系之中，但借助它们我们能够反映某个法律体系方方面面的特点，相对于事无巨细地列举，这种方式可以更生动地展现该法系中的常量。现实世界太过复杂，透过模型可以让我们抓住主要矛盾，然后我们能够发现核心的异同点，能够通过更细致的研究以验证假设。现在，这些模型或类型已经成了一般法理学规则的一部分了。

更一般地说，我们当然承认比较法律研究的价值和重要性，承认对最早产生现代法律原则的社会条件进行追根溯源的研究的价值和重要性。当注意到两个国家间的法律差异时，我们会本能地寻找二者社会秩序的不

---

[1] 一项最近的例证是 M. B. Hooker, *Legal Pluralism* (Qxford, 1975), 67, 146, 444.

同。我们不再根据发展阶段或发展模式排列这些差异。我们发现，即使在一个社会中，社会法律发展也是一件复杂的事情，无法将其化约成一个简洁的公式。但我们认识到了以下这个方法是理所当然的，即对任何法律制度和法律原则的阐释，都必须充分考虑它们成长于其中的社会条件。脱离了社会和经济变化谈论法律变化，我们认为是不可取的。但法律演化论者进入公众视野之前的法律思想家正是这么做的。没有历史法学派的开创性工作，当代社会法学不会享有如此普遍的接受度。将社会学方法用于分析我们自己的法律之前，应该先将其用于分析历史上的社会或当代的原始社会，这虽然听上去有点奇怪，但正如某些学者所说，[1] 与研究自己所处的社会相比，人们在研究其他社会时肯定会更客观。

---

[1] J. Stone, *Social Dimensions of Law and Justice* (London, 1966), III.

索引
Index

（页码为本书边码）

A

Abdy, J. T., 约翰·托马斯·阿布迪, 82
adoption, 收养, 94, 107
Allen, C. K., 卡尔顿·坎普·艾伦, 89n
American Indians, 美洲印第安人, 7, 17, 18, 21, 24, 25, 30, 34, 38, 75, 92, 111
Arabs, 阿拉伯人, 21, 36
Austin, J., 约翰·奥斯丁, 71-2, 85, 97, 122, 123

B

Bachofen, J. J., 约翰·雅科多·巴霍芬, 101
Bacon, F., 弗朗西斯·培根, 47n, 78
Barbeyrac, J., 巴贝拉克, 3
Bentham, J., 杰里米·边沁, 68, 69, 70-2, 89, 94, 97, 113, 115, 122
Blackstone, W., 布莱克斯通, 69, 70, 83
Bohannan, P. J., 保罗·詹姆斯·博安南, 105
Bopp, F., 弗兰兹·博普, 91
Bordeaux, 波尔多, 17
Bracton, 布拉克顿, 109, 110
Brougham, H., 亨利·布罗汉姆, 71
Brown, A. H., 布朗, 116
Bryce, J., 詹姆斯·普莱斯, 119-20
Buckle, H. T., 亨利·巴克尔, 100
Burke, E., 埃德蒙·伯克, 57-9, 74, 75
Burrow, J., 约翰·巴罗, 77, 85, 99

C

Campbell, T. D., 坎贝尔, 45
canon law, 教会法, 117-18
Carthage, 迦太基, 37
Christians, early, 早期基督徒, 8

Clark, E. C., 爱德文·查尔斯·克拉克, 86
codes, ancient, 古代法典, 93, 103
codification, 法典化, 52, 59, 71-2, 74
Coleridge, S. T., 柯勒律治, 64
common law, 普通法, 69-70, 113
Comte, A., 奥古斯特·孔德, 74, 76-8, 83, 89
Conington, J., 约翰·康宁顿, 78
conservatism, of legal evolutionists, 保守主义, 法律演化论者, 112-15
contract, law of, 合同法, 11, 13, 28, 39-40, 98, 105, 114-15, see also "status to contract"
Cooper, C. P., 库柏, 72n
crime, law of, 刑法, 26, 28, 42, 105
cyclical patterns in history, 历史循环模式, 17, 31-2, 60-2

D

Dalrymple, J., 约翰·达尔林普尔, 23-9
Darwin, C., 达尔文, 88n, 100, 111
Desnitsky, S. E., 杰斯尼茨基, 116
Dicey, A. V., 戴雪, 115, 118

E

Education, Committee on Legal, 法律教育委员会, 78-9, 85, 123
Egyptians, ancient, 古代埃及人, 20, 26

Eldon, Lord, 厄尔顿勋爵, 95
Empson, W., 威廉·恩普森, 74, 75
Engels, F., 恩格斯, 111-12
equity, 衡平法, 74, 82, 84, 94-5
Essenes, 艾赛尼派信徒, 8

F

Family, 家庭, 6-7, 34, 43, 49, 84, 95-6, 102, 106, 108-9
Feaver, G., 乔治·斐维尔, 88n
feudal law, 封建法, 23, 27, 38, 117-18
fictions, legal, 法律拟制, 81-2, 94, 98
Forbes, D., 邓肯·福布斯, 8n, 26
formalism, legal, 形式主义, 法律, 104
four-stage theory, 四阶段论, 19, 23-5, 28-9, 33-6
Frederic the Great, 腓特烈大帝, 52
Friedmann, W., 弗里德曼, 65

G

Gaius, *Institutes* of, 盖尤斯, 法学阶梯, 122
Genesis, 创纪纪, 6-7, 24, 35
German law, 德国法, 61-3
Gibbon, E., 爱德华·吉本, 54-6
Giddens, A., 安东尼·吉登斯, 124
Gierke, O. von, 祁克, 110
Gluckman, M., 马科斯·葛克曼, 105-6

Goguet, A. Y., 安东尼·伊万·古吉, 19–23, 26, 27
Goths, 哥特人, 32
Göttingen, 哥廷根, 53, 54, 72, 73
Gracchi, 格拉古, 32
Greeks, ancient, 古希腊, 17–18, 20, 30, 36, 58, 78, 117
Grote, G., 乔治·格罗特, 77–8, 83, 84, 85, 89, 90, 91, 98
Grotius, H., 胡果·格劳秀斯, 3–8, 30, 39, 41, 51

H
Hardwicke, Lord, 哈德威克伯爵, 24
Harrington, J., 詹姆斯·哈灵顿, 31, 32
Hayward, A., 亚伯拉罕·海伍德, 60n, 64, 69, 74
Hebrews, 希伯来, 20; see also Genesis
Hegel, G. W. F., 黑格尔, 101
Heineccius, J. G., 约翰·戈特弗里德·海因修斯, 57–9
Herder, J. G., 约翰·戈特弗里德·赫尔德, 57–9
Hindu law, 印度法, 92–4, 106
History, legal, 法律史, 106–10
Hobbes, T., 霍布斯, 1, 2, 11, 31, 51
Hoebel, E. A., 亚当森·霍贝尔, 104
Home, H., 亨利·霍姆, see Kames, Lord
Homer, 荷马, 18, 35, 39
Hugo, G., 古斯塔夫·胡果, 54–6, 57, 59, 64, 69
Hume, D., 大卫·休谟, 12–14, 15, 23, 26, 27, 29, 30, 45, 54, 91
Hutcheson, F., 弗朗西斯·哈奇森, 9–12, 14, 27, 30, 33

I
Iroquois, 易洛魁人, 17–18, 58

J
Jefferson, T., 托马斯·杰弗逊, 79
Jeffery, F., 弗朗西斯·杰弗里, 49, 50
Jhering, R. von, 鲁道夫·冯·耶林, 65–8, 89n
Jones, Sir W., 威廉·琼斯爵士, 92
justice, and property, 正义, 财产, 13–14, 33

K
Kames, Lord, 凯姆斯勋爵, 23–9, 30, 43, 46
Kemble, J. M., 约翰·米歇尔·肯布尔, 92, 107
Kovalevsky, M., 科瓦列夫斯基, 116n

L
Lafitau, J.-F., 约瑟夫-弗朗索瓦·拉菲托, 17–18, 20, 30, 58
Leechman, W., 威廉·理查曼, 9

Lewes, G. H., 乔治·亨利·刘易斯, 85
liberty, natural, 自然自由, 11, 45-6
Locke, J., 约翰·洛克, 1-3, 38
Long, G., 乔治·隆, 79-82, 86, 98
Lyell, C., 查尔斯·莱伊尔, 88

M

Machiavelli, N., 马基雅维利, 31
McLennan, J. F., 约翰·弗格森·麦克伦南, 83-6, 102
Maine, H. S., 亨利·梅因爵士, x, 71, 82, 85, 86-98, 99-115, 116, 122, 123, 125
Maitland, F. W., 弗里德里希·威廉·梅特兰, 63, 106, 108-10, 116
marriage, 婚姻, 16, 41-4, 49, 102
Marx, K., 卡尔·马克思, 111-12
matriarchy, 母权制, 49, 102
Meek, R. L., 罗纳德·米克, 19
Merivale, C., 查尔斯·梅里维尔, 99
Middle Temple, Committee on Legal Education at, 中殿律师学院法律教育委员会, 79-80
Mill, James, 詹姆斯·斯图亚特·密尔, 83
Mill, John Stuart, 约翰·斯图亚特·密尔, 77, 78, 83, 85
Millar, J., 约翰·米勒, 23, 30, 46-50, 58, 72, 85, 102, 116
Montesquieu, Baron, 孟德斯鸠男爵, 15-20, 23, 24, 25, 26, 30, 31, 46, 54, 56, 57, 64, 74, 77, 77, 83, 90
Morgan, L. H., 路易斯·摩尔根, 102, 110-11
Müller, M., 马科斯·缪勒, 91

N

Nopoleon, 拿破仑, 59
natural law, 自然法, 3-11, 14, 15, 51-2
nature, state of, 自然状态, 1, 11, 12
Nicolaos of Damascus, 大马士革的尼古拉斯, 39
Niebuhr, B. G., 巴特霍尔德·格奥尔格·尼布尔, 90-1, 122

P

Pandectists, 潘德克顿学派学者, 71, 72, 123
Park, J. J., 乔·詹姆斯·帕克, 72, 73
Patriarchs, Biblical, 圣经中的族长, 22, 25, 35
patriarchy, 父权制, 96, 102, 106-8
philology, comparative, 比较语言学, 91-2
Pollock, F., 弗里德里希·波洛克, x, 89n, 98, 106
positive law, 实证法, 4, 10, 16, 72, 89-90

positivism, 实证主义, 76-7, 89

Pound, R., 罗斯科·庞德, 113

Proculians and Sabinians, 普洛库利乌斯派和萨比努斯派, 56

porperty
　community of, 共同财产制, 8, 107-9
　law of, 财产法, 13, 15, 25, 27, 30, 32-41, 105
　origin of, 财产起源, 5-7

Pufendorf, S., 塞缪尔·普芬道夫, 3-8, 13, 30, 39, 41, 51

Pütter, J. S., 约翰·斯蒂芬·普特, 53

R

Reddie, James, 詹姆斯·雷迪, 75-6

Reddie, John, 约翰·雷迪, 73-4

religion and early law, 宗教、早期法律, 103

Rheinstein, M., 马克斯·莱茵斯坦, 121

rights, 权利
　classification of, 分类, 33-4
　perfect and imperfect, 完全的、不完全的, 10, 33

Rivière, P., 拉斐尔, 83n

Robson, W. A., 罗伯逊, 102, 112

Roman law, 罗马法, 15, 41-3, 48, 53-6, 61-3, 65-8, 71, 80-2, 86-7, 91, 92, 94-7, 99, 106, 107, 114, 117, 121-2

Rome, ancient, 古罗马, 32, 37-8, 90

Rousseau, J. J., 卢梭, 58

S

Savigny, F. K. von, 弗里德里希·卡尔·冯·萨维尼, 56-65, 66, 67, 69, 71, 72-8, 80, 81, 83, 89, 90, 91, 97, 101, 110, 114, 122, 123

Severus, Alexander, 亚历山大·塞弗拉斯, 95

Simith, Adam, 亚当·斯密, 23, 29-46, 53, 54, 58, 74, 83, 110, 111-112, 116, 123, 125

Simith, Sir Thomas, 托马斯·史密斯爵士, 47n

social contract, 社会契约, 1-3, 11, 12

society, progress of, 社会进步, 47-8, 77, 90, see also four-stage theory

sociology, 社会学, 77

Stair, Lord, 斯泰尔子爵, 24

statistics, 统计, 47, 100

"status to contract" theory, "从身份到契约"理论, 84-5, 96-7, 114-15

Stewart, D., 杜加德·斯图尔特, 9n, 30n

succession on death, 继承, 41-2, 98, 105

T

Tacitus, 塔西佗, 35

Tartars, 鞑靼人, 21, 35, 36

Thatcher, M., 玛格丽特·撒切尔, 111
themistes, 地美士第, 84, 93
Thibaut, A. F. J., 蒂鲍, 62, 64, 71
Thomasius, C., 克里斯蒂安·托马修斯, 51-2
Tönnis, F., 费迪南德·滕尼斯, 120-1
Tretyakov, I. A., 特列恰科夫, 116
Turgot, A. R. J., 杜尔哥, 19
types, historical, 历史类型, 119-21
Tytler, F. (Lord Woodhouselee), 弗雷泽·泰特勒 (伍德豪斯里勋爵), 49

V

village communities, 村落共同体, 107-9
Vinogradoff, P., 保罗·威诺格拉道夫, 115-121

W

Wales, laws of, 威尔士法, 92
Weber, M., 马克斯·韦伯, 121
Wolff, C., 克里斯蒂安·沃尔夫, 51-2
Wood, T., 托马斯·伍德, ix

Y

York, C., 查尔斯·约克, 24

再版附言
Paperback Re-issue

　　法律演化是揭示法律变迁的一种理论。基本上，该理论认为，在一个社会中，法律沿着既定的路线发展，与其他社会制度并无二致。18世纪中期，自然法学者在将普遍的自然权利理论运用于不同的社会时，遭遇了困境。作为回应，法律演化理论应运而生并开始盛行。特别是在苏格兰，基于亚当·斯密及其门徒约翰·米勒的努力，法律演化论得到了发展。得益于萨维尼和德国历史法学派的贡献，法律演化理论在19世纪初期发展到了新的阶段；随着梅因的《古代法》在1861年出版，该理论在英格兰也获得了广泛传播。

　　斯坦因教授对该理论进行追根溯源，并通过将这一理论与其倡导者同时代的其他主要法学思想进行比较的方法进行研究。他着重考察了罗马法在塑造法律发展理论中的独特地位。最后，他研究了19世纪后期梅因所驳斥的、与法律演化论对立的学说，以及梅因对该理论进行调整以保持其核心要义的努力。

尽管我们认为法律演化论在当下已非显学，但该理论对我们理解某一社会的法律的方式具有长远的影响。虽然脱离社会文化和经济结构研究法律变迁在当下并非明智之举，但事实上，我们仍然经常使用由演化论者提出的"模型"一词，足见其影响之深远。

声　明　1. 版权所有，侵权必究。

2. 如有缺页、倒装问题，由出版社负责退换。

图书在版编目（CIP）数据

法律演化：一个观念的历史 /（英）彼得·斯坦因著；李建江译. -- 北京：中国政法大学出版社，2025.5. -- ISBN 978-7-5764-2034-0

Ⅰ．D909.9

中国国家版本馆CIP数据核字第20252KB730号

出 版 者	中国政法大学出版社
地　　址	北京市海淀区西土城路 25 号
邮寄地址	北京 100088 信箱 8034 分箱　邮编 100088
网　　址	http://www.cuplpress.com（网络实名：中国政法大学出版社）
电　　话	010-58908289（编辑部）58908334（邮购部）
承　　印	固安华明印业有限公司
开　　本	880mm×1230mm　1/32
印　　张	7
字　　数	120 千字
版　　次	2025 年 5 月第 1 版
印　　次	2025 年 5 月第 1 次印刷
定　　价	45.00 元